ヒギンズさんが撮った
南海電気鉄道
コダクロームで撮った1950〜70年代の沿線風景

写真：J.Wally Higgins　　所蔵：NPO法人名古屋レール・アーカイブス

解説：安藤 功

◎6126　泉北高速光明池　1978（昭和53）年5月18日

昭和30〜40年代の南海電気鉄道

　1947（昭和22）年に戦時合併された近畿日本鉄道から分離して南海電気鉄道となるが、昭和30年代は和歌山電気軌道の合併など、昭和40年代には輸送力増強のため本線系の架線電圧昇圧やそれに伴う新車の導入、泉北高速鉄道線の開業など、事業拡大の時期だった。

◎住吉東付近　　1956（昭和31）年10月

難波～玉出、帝塚山付近

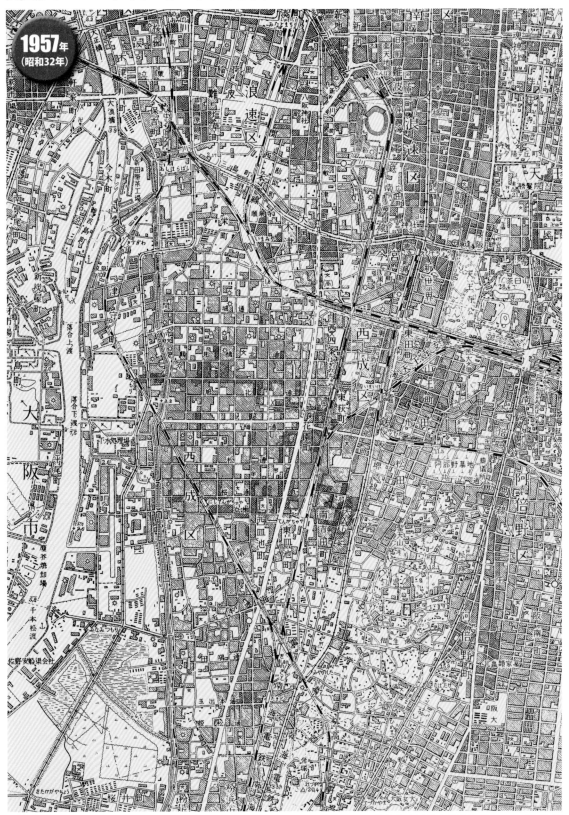

建設省地理調査所発行「1/25000地形図」

堺〜湊、堺東〜三国ヶ丘付近

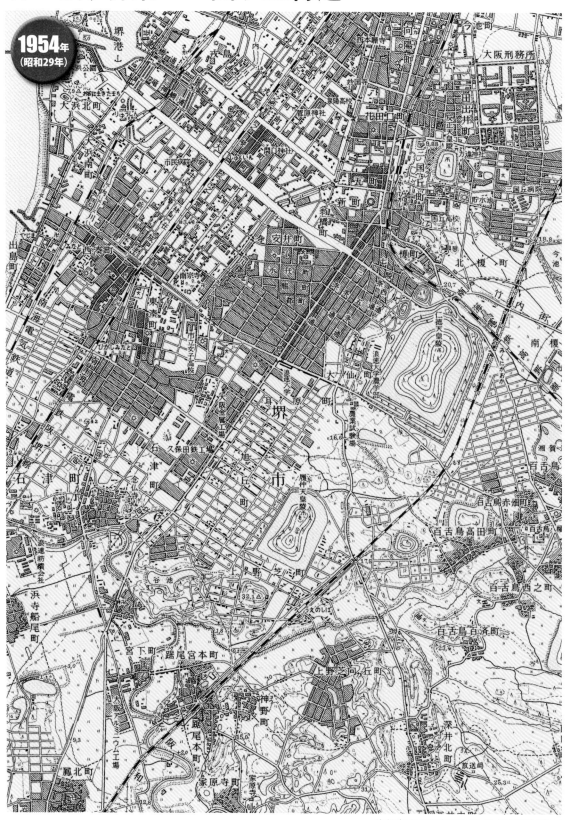

1954年
（昭和29年）

建設省地理調査所発行「1/25000地形図」

諏訪ノ森〜北助松（現・松ノ浜）・高師浜付近

1954年
（昭和29年）

阪
湾

建設省地理調査所発行「1/25000地形図」

泉大津～岸和田付近

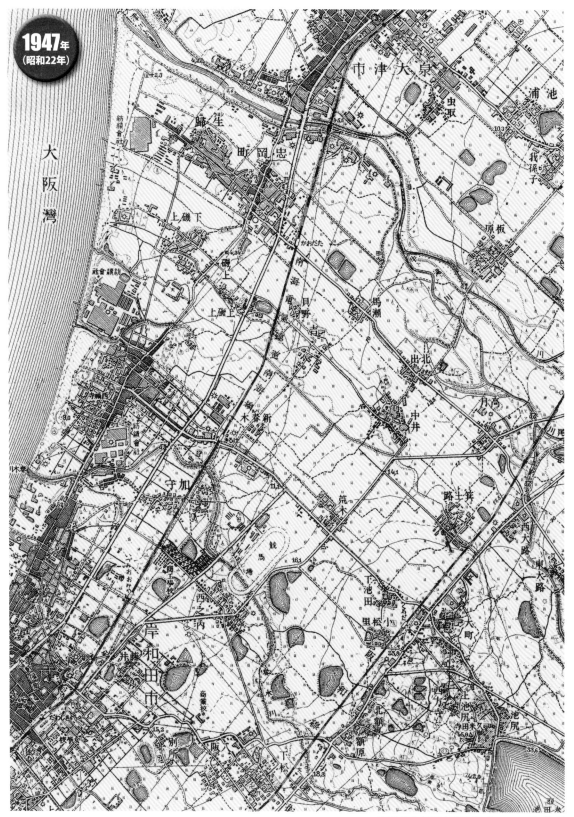

建設省地理調査所発行「1/25000地形図」

蛸地蔵〜鶴原付近

1947年
（昭和22年）

建設省地理調査所発行「1/25000地形図」

佐野（現・泉佐野）〜吉見ノ里付近

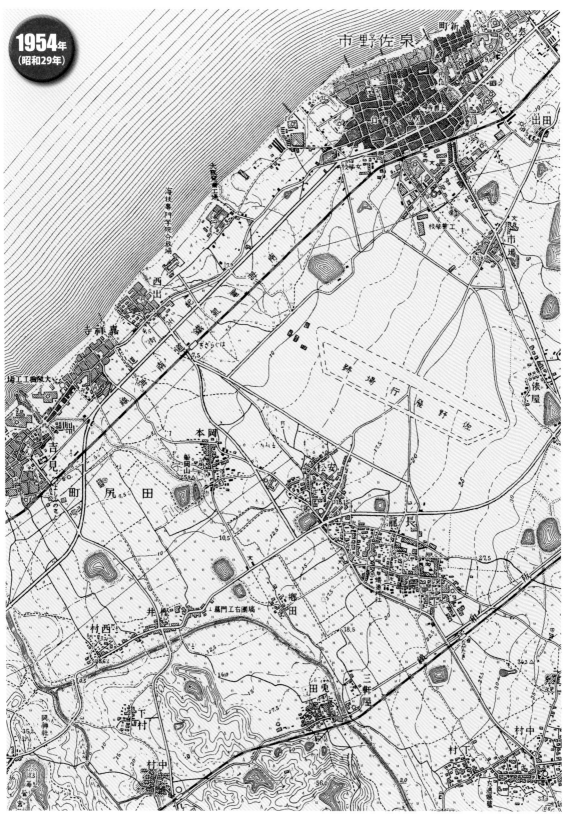

建設省地理調査所発行「1/25000地形図」

淡輪（現・みさき公園）〜孝子、多奈川付近

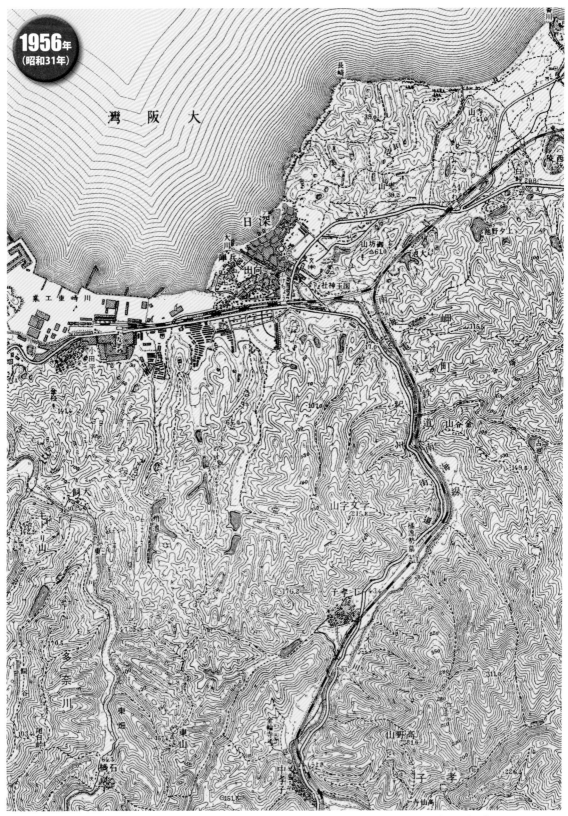

1956年
（昭和31年）

建設省地理調査所発行「1/25000地形図」

紀ノ川〜和歌山市、東松江付近

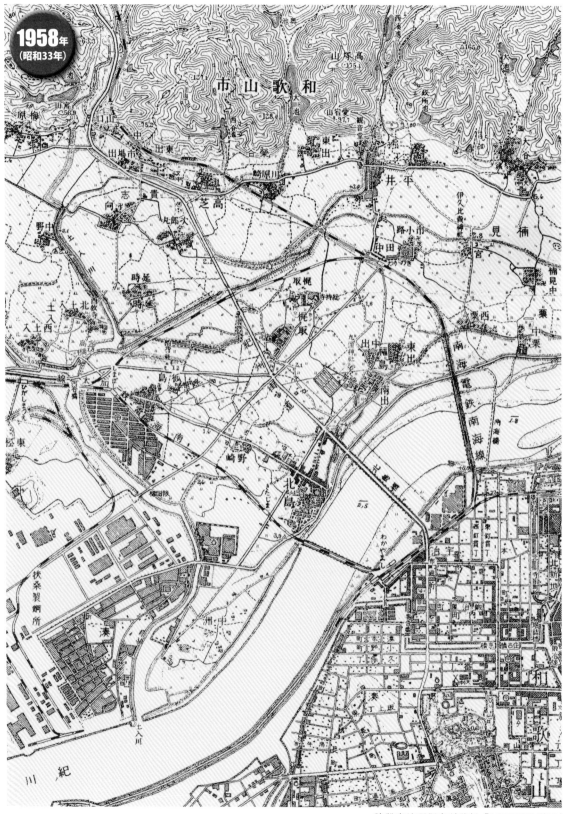

1958年
（昭和33年）

建設省地理調査所発行「1/25000地形図」

中百舌鳥〜北野田付近

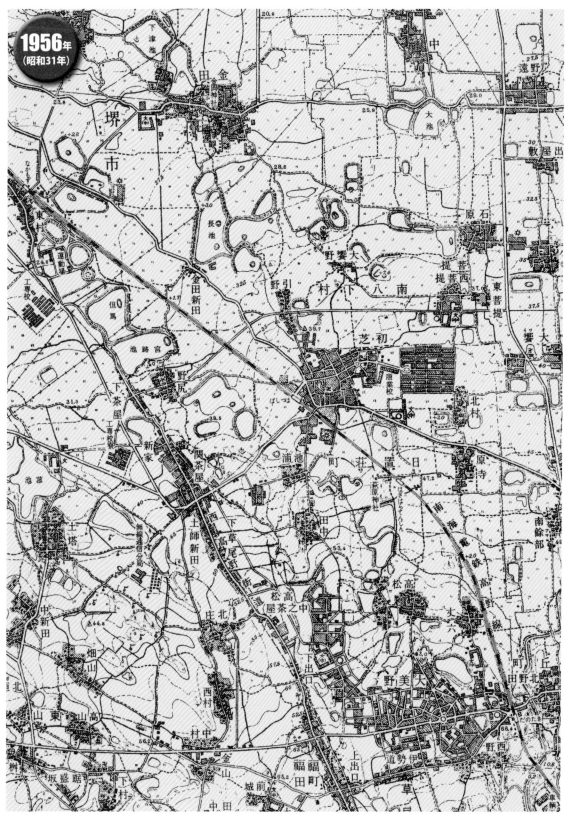

1956年
（昭和31年）

建設省地理調査所発行「1/25000地形図」

千代田～河内長野～三日市町付近

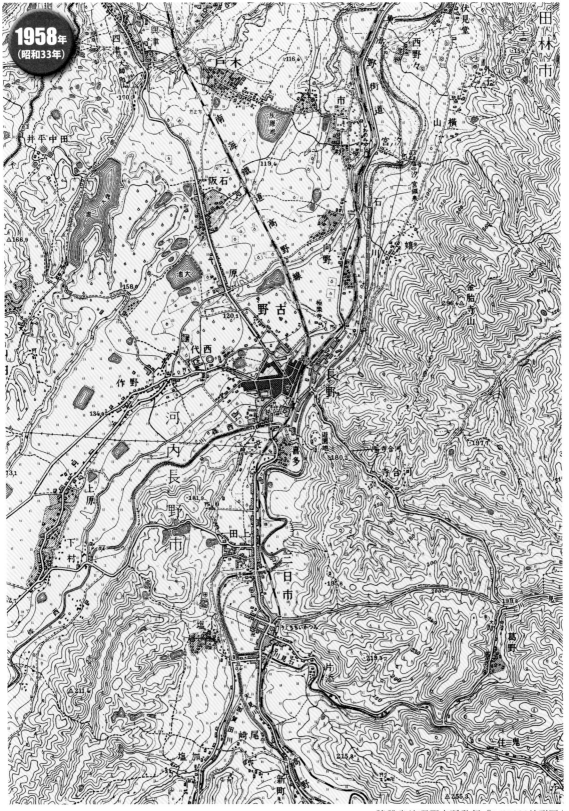

建設省地理調査所発行「1/25000地形図」

1961（昭和36）年当時の南海電鉄・和歌山電気軌道の時刻表

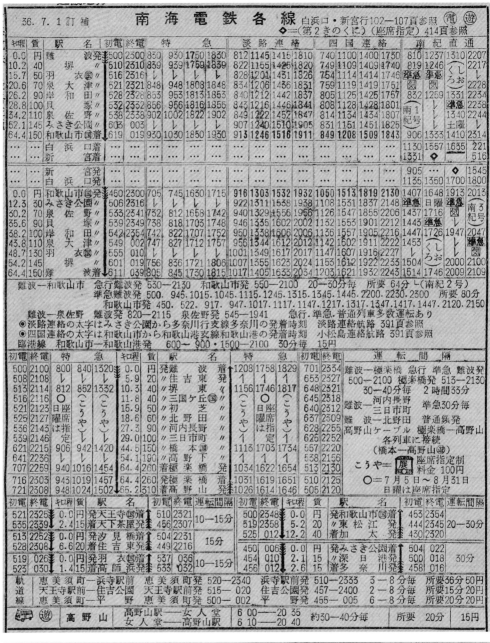

第1章
南海電気鉄道南海線

- ・南海本線
- ・天王寺支線
- ・高師浜線
- ・多奈川線
- ・加太線
- ・和歌山港線

南海本線

南海本線は廃止になった釜石鉱山鉄道の資材を使い1885（明治18）年に難波駅〜大和川駅（堺駅延長時に廃止）を開業させた浪速鉄道に端を発する、現存する日本最古の私鉄。堺駅まで開業したのち、それ以南

◎11008　萩ノ茶屋　1964（昭和39）年12月19日

は南海鉄道により1897（明治30）年に佐野（現・泉佐野）駅まで開業、浪速鉄道は南海鉄道に直通できるように改軌したのち、和歌山北口駅まで開通する1898（明治31）年に南海鉄道に譲渡している。

1903（明治36）年に紀ノ川橋梁が完成し和歌山市駅まで全通。1907（明治40）年からは電化を行ない1911（明治44）年に全線電化を成し遂げている。

新今宮

大戦後困窮した車両状況を妥協するため、当時鉄道事業者の統制団体だった日本鉄道会は新造する電車を運輸省（国鉄）の63形に統一して一括で製造し、緊急を要する鉄道会社に割り当てた。近畿日本鉄道難波営業局では20両の割り当てを受け、南海電気鉄道成立後にモハ1501形として登場した。

南海にやってきた国鉄63形はまだ近畿車両で製造中だったため、国鉄の戦時仕様を改め、正面埋込通風器廃止・屋根通風器はガーランド型2列・雨樋の全周設置・国鉄形PS-13から三菱製パンタグラフを搭載、電気配線も電線管に通し、在来車同様の内装で南海電気鉄道分離後の最初の新車として登場している。

クハ1951形1952は、省番号モハ63400で1947（昭和22）年に近畿車両から南海モハ1501形1514として落成した最初のグループ。1959（昭和34）年に制御車化され現番号となった。

◎1952　新今宮　1966（昭和41）年12月30日

電車の出自は電壱形で1907（明治40）年天野工場製、木造車の頃に合造車の電附参形に改造されるが、老朽化のため1931（昭和6）年に15m半鋼製車体を藤永田造船所で新造し載せ替え、木造車時代と同じクハユニ505形510となる。1936（昭和11）年の改番でクハユニ1851形になり、1943（昭和18）年に全室客車化でクハ1851形、戦後戦災車の番号を詰めたので1856が1853に改番されている。

「国鉄線のりかえ」の案内がある新今宮駅、荷物電車と組んで運用中。南海線と国鉄関西本線の交差部分には駅は無かったが、1964（昭和39）年の大阪環状線環状運転開始にあわせ国鉄新今宮駅が開業。その後1966（昭和41）年に高架上の南海線にもホームを設け、国鉄との連絡駅となった。

◎1853　新今宮　1966（昭和41）年12月30日

萩ノ茶屋

11001系の1956（昭和31）年製造分から正面非貫通２枚窓の流線形を採用し４両固定編成となる。モ11100形は南海初の
中間電動車で、モ11009の次に連結する車は偶数構造の中間電動車になるためモ11100と「０」から付番されている。
1957（昭和32）年には中間車を増備し５両編成化された。写真の11020を含む編成は1962（昭和37）年に２編成が帝国車輌
で製造された。
西線の今宮戎・萩ノ茶屋駅にはホームが設けられず南海本線の電車は通過する。
◎11020　萩ノ茶屋　1964（昭和39）年12月19日

萩ノ茶屋

電車の出自は電参形156で、1912（大正元）年汽車會社製、モハ251形256になっていたものを1937（昭和12）年に南海天下
茶屋工場製の半鋼製車体に載せ替え、モハ1051形1052となった。その後電動機の取り換えでモハ1201形に編入され1228
となる。
初期のモハ1201形の形態で、妻面の雨樋はR付き、裾のスカートは無い。南海で廃車後は京福電気鉄道福井支社へ行き、
その後改造扱いで阪神車体に載せ替えられ、えちぜん鉄道まで南海籍が引き継がれている。
◎1228　萩ノ茶屋　1964（昭和39）年12月19日

萩ノ茶屋

南海に来た国鉄63形は難波方・和歌山市方各10両ずつの電動車だったため、中間に南海の在来車を組み込んで運用したが、後に木造のクハ1800形（元・電附六形・1924（大正13）年に登場した豪華固定編成ネームトレイン用）と組み、2・3両編成で運用された。
1959（昭和34）年から木造車淘汰のため1521系製造の計画が立てられると電装品を転用するため8両を制御車化してクハ1951形へ改造しモハ1501形と組むようになり【18ページ】、残りの4両はクハ2851形（クハ1900形を2000形のクハ用に

転用したもの）と組んだ。
モハ1511は国鉄モハ63394が割当番号で、偶数車なので和歌山向き電動車。1965（昭和40）年に貫通扉を付けられ、1501
形グループの３両編成の中間に入ることになる。
◎1511　萩ノ茶屋　1964（昭和39）年12月19日

天下茶屋

6001系は沿線開発で混雑してきた高野線の小運転用（社内の呼称で平坦区間列車）に1962（昭和37）年に登場。20ｍ４扉オールステンレスの車体で東急車輌製、1521系と同じくモハ-サハ-モハの３両編成としている。写真の6008は1963（昭和38）年製、初期の車はナンバープレートの地の色が青い。
◎6008　天下茶屋　1964（昭和39）年12月19日

岸ノ里

電車の出自はサハ1901形1911（初代）、本来モハ1201形の予定だったが、戦時中の資材不足で付随車として1941（昭和16）年に汽車會社で落成。1942（昭和17）年にクハ1201形1236に改番ののち電装し、モハ1201形1236となった。乗務員扉にヘッダーと、裾スカートが付くスタイル。廃車後は京福電気鉄道福井支社に行きモハ2012となっている。
◎1236　岸ノ里　1964（昭和39）年12月19日

『大阪市史』に登場する南海電鉄

南海・高野登山鉄道の電化

　大阪南部では軌道条例によるものと並んで、蒸気鉄道であった南海・高野登山鉄道の電化が進められたことは特筆すべきであろう。蒸気鉄道は軌道条例によって作られたものよりはるかに高い水準を持っていて、最初から高速電車を走らせる機能を備えていたといわれる。南海鉄道は、当時の情勢から電化を急いだものと思われるが、明治38（1905）年6月に臨時株主総会を開き、難波－浜寺間と天下茶屋－天王寺間の電化を決定、さらに翌年12月には全線電化も決定された。蒸気鉄道から電気鉄道への転換はすでに甲武鉄道が37年8月に完了しており、南海の電化はこれに次ぐ日本で2番目のものであった。

　当時わが国で電気の知識・技術を身に付けた人材は限られていた。そこで、南海では東京帝国大学工科大学電気工学科卒業後、甲武（現JR中央線）鉄道へ入社し、さきに同社の電化を実際に指揮し、名声を上げた市来崎佐一郎を招聘して電化を進めた。38年11月に南海に迎えられた彼は赴任後「第1番に線路を歩いて視察」したという。甲武鉄道時代のデータを利用しながら、後に「天下一品の技師なり」と賞賛されたように、猛烈な仕事ぶりで電化を完遂していった。

　南海は40年8月に、天下茶屋－天王寺間の電化を完成させ、11月からは、従来の手動信号機からの米国のアーム式自動信号機の使用を開始し、44年11月には和歌山市までの全線電化が完成した。電化の意義は、何よりも都市間連絡鉄道としてのフリークエントサービスの強化にあったことは明らかである。スピードアップも促進され、従来の蒸気列車で難波－和歌山市間は急行1時間50－56分、普通列車2時間30－40分を要していたが、全列車が従来の急行列車なみの1時間50分前後となった。全線電化によって、花形列車「和歌号」「浪速号」の急行列車は廃止された。

　40年に高野鉄道を引き継いだ高野登山鉄道も、43年に積極政策に転じ、電化と路線延長（高野山参詣ルートの実現）を目ざして、資本金170万円への増資を断行した。これによって、大正元（1912）年10月から汐見橋－長野（現河内長野市）間の電車運転を開始したのである。長野－橋本（現橋本市）間の延長区間は軽便鉄道の指定を受けて建設が行われ、4年3月に橋本までを電化開業した。こうして、高野登山鉄道は橋本町を中心とする紀ノ川中流域を大阪へ直結する役割を果たすこととなり、不振

だった業績もようやく好転に向かった。その積極経営のリーダーとなったのは、増資で大株主となり明治45年7月から社長に就任した東武鉄道の根津嘉一郎であった。大正4年4月、社名は大阪高野鉄道と改称された。

路面電気軌道網の形成と競合

　都市化の進む地域の街道上を走り、大阪と堺を結ぶ軌道計画が具体化したのは、明治30年代に入ってのことである。最も早い計画は阿倍野街道を走る大阪馬車鉄道で、33（1900）年から35年にかけて天王寺西門前－下住吉間を順次開業した。主として、住吉大社への参詣客の吸引を目的としたこの馬車鉄道は電鉄熱の中で電車運転を計画した。

　馬車鉄道は明治40年2月に特許を受け、翌月に大阪電車軌道と改称、資本金を5万円から50万円に増資して、さらに10月には浪速電車軌道と目まぐるしく社名を変えている。馬車鉄道としての営業成績は振るわず、翌年1月31日限りで馬車鉄道の運転を廃止して電化工事に着手した。

　この間、南海鉄道は一部競争線となった浪速電軌に対し合併の話し合いを進め、42年12月同社を合併、翌年10月に天王寺西門－住吉間の電車運転を始めた。続いてさきに浪速電軌が大阪市と協定していた軌道共同利用契約に基づき、翌年1月には市電の谷町6丁目まで、8月には天満橋南詰めまでの乗り入れを実現した。しかし、市電路線への乗り入れは長続きせず、45年初春には中止となった。その理由は、『大阪市交通局75年史』によると、両者の運転本数の調整がつかなくなって大阪市側が契約を破棄したためとあり、『南海鉄道発達史』では、45年1月に大阪市電の運賃均一制が実施されたときに中止されたという。

　いずれにせよ、いわゆる上町連絡線は大正2（1913）年6月には住吉－住吉公園間20チェーン（約402メートル）を延長開業し、南海本線と連絡することになった。また、南海は10年12月に天王寺西門－天王寺駅前間を大阪市に譲渡して、路線を短縮した。これにより上町連絡線の起点を安倍野橋の省線天王寺駅前に移転した。

　一方、南海とは別にもう1線大阪と堺を結ぶ計画も何回かみられたが、結局今宮戎（後に恵美須町）から紀州街道上を走り、堺を経て浜寺までと、大浜への支線の特許を得たのは阪堺電気軌道（資本金300万円）である。明治42年12月のことであるが、阪堺側の認可運動と南海側の反認可運動は目をみはるものがあった。両者の対抗はやや政治絡みで

進行したといえようが、実は阪堺電軌には在阪有力資本家に加えて、政友会の領袖衆議院議長奥繁三郎が名を連ねていたことに注目する必要がある。確かに南海の並行線たる阪堺の特許に当たり、彼の政治力が大きな意味を持ったことは想像に難くないであろう。この点については、特に「権利株を目的の奥の政治力が、南海鉄道にたいする重複線であることの明白なこの鉄道の免許を実現せしめた」と指摘されている。

阪堺は工事を円滑に行えるようにと一部特許線を変更したが、44年12月の恵美須町－大小路間を皮切りに、大正元年11月には浜寺駅前－浜寺公園内間の延長線も開業した。この後、阪堺電軌は、今池－平野間（明治44年9月）の特許を持っていた姉妹線の阪南電気軌道を大正2年に合併し、これを翌年7月に開業している。両線とも貨物運輸営業も行った。

南海鉄道と阪堺電軌の競争は激甚を極めた。南海は対抗上難波と浜寺間に多数の停車場を設置し、また浜寺公園の開発にも多額の資本を注ぎ込んだ。阪堺も乗客吸収と設備増強に努め、大浜の開発、浜寺駅前－浜寺公園間の延長などは、南海との対抗上、浜寺への海水浴客誘致のため延長敷設したものであった。さらに副産物として、南海がその起点難波駅の近くに千日前を控えているのに対抗して、45年7月には恵美須町停留場の東隣に、大阪の新名所となった通天閣、新世界の開設をみた。これは阪堺を培養する目的で、第5回内国勧業博覧会の跡地を利用して、大林組が建設したものであった。

両社の競争は日増しに激しさを加え、南海の経営を圧迫した。実際阪堺開業後の南海の不振について、南海の社史も、「明治44年上半期と大正4年の上半期を比較するときは列車走行粁に於て約2倍の激増を示し居るに反し運輸収入に於て約8分の減収を見、（中略）会社は実に創業以来の苦境に立ち至った」と指摘するほどである。

明治29年3月、資本金280万円でスタートし、数次の拡張・買収などによって大都市主要私鉄に成長した南海は、阪南交通機関の統一を意図したが、「格」の異なる軌道部門への進出は容易ではなく、阪堺電軌と死活的な競争を繰り返さねばならなかった。それでも、南海は粘り強く合併交渉を進め、大正4年6月阪堺に有利な条件の下に合併して、その事業を引き継いだ。

前述のとおり、競争線たる阪堺電気軌道の特許には政党政治家が介在しており、日本私設鉄道建設史上の一典型がみられるが、南海と阪堺の合併劇もまた政治的決着という色彩が強かった。当時の新聞が報じているように、合併に伴って南海線は主として大阪－和歌山間の長距離を急行で結ぶ

交通機関となり、かつて阪堺との競争から増設された小駅廃止問題が起こった。旧阪堺線はもっぱら大阪－浜寺までの郊外居住者や、住吉公園および大浜・浜寺海水浴場への遊覧列車としての性格を深めることになる。旧阪堺線の延長線浜寺駅前－浜寺公園間は5年12月22日限りで廃止された。

近郊電鉄網の形成

京阪神地域の都市化の急激な進展は、従来蒸気列車運転を行っていた国鉄東海道線や片町線などの電化を促すことになった。電化の実現は昭和期に入ってからで、国鉄の一部区間電化によって、国鉄と私鉄間の競争が激化したが、大正期はさきに開業をみた郊外電鉄各社の躍進が目だったというべきであろう。『阪神電気鉄道八十年史』によると、大正年間の旅客数の伸びは、郊外では京阪を除いて4倍以上に伸びたが、大阪市内駅では各社とも2.5倍にとどまっていた。

それはともかく、第1次世界大戦の「大戦景気」によって、各社ともいっそうその基礎を固め、新たな拡大戦略を採った。大阪高野鉄道は大正7（1918）年資本金を400万円に増資し、高野山の入口まで電車を直通する計画を立てた。さきに橋本までの開通を実現させ、その際に「昔三日で、今は日帰り」という標語で、従来大阪からの高野山参詣に3日かかっていたのを、その日のうちに参詣を済まして帰れるようになることを宣伝文句にしていた。同社は社名のとおり高野山に至る鉄道の建設を目ざし、前年の大正6年9月に子会社高野大師鉄道を創立していた。

この鉄道は橋本－高野山麓間の免許を持ち、実質的には大阪高野鉄道の延長線である。別会社にしたのは山岳線で工費がかさむことが予想されたからである。根津嘉一郎率いる大阪高野鉄道と南海は路線が競合することになったが、11年9月南海は大阪高野鉄道とその子会社高野大師鉄道（橋本－高野下間を建設中）を合併する方針を固めた。交渉は南海の思惑どおりにはいかず、高野側に有利な対等合併というかたちで妥結した。14年3月には、南海本線と高野線との間に岸ノ里連絡線が完成し、難波から橋本・高野下方面への列車直通が可能となった。同時期に、さらに高野山へ路線を近づけるため、高野下から奥へ向かって、南海の子会社高野山電気鉄道が設立された。

堺

電車の出自は戦時中に製造の割り当てを受けていた車両を、1948（昭和23）年に近畿車両で落成したモハ2001形2025。
戦時設計で正面窓のヘッダーが無い。1961（昭和36）年に2051系に電装品を譲りクハ2801形に編入され2816となった。
◎2816　堺　1964（昭和39）年12月19日

堺

堺駅は1888(明治21)年に阪堺鉄道により開業するが、電車先頭車の先、旧堺港に通じる堅川の北側に駅があった。南海鉄道になり1912(大正元)年に大浜公園への最寄りに龍神駅が開業すると旅客の中心はそちらに移っていった。しかし1945(昭和20)年の空襲であたり一帯は焼け野原に。戦後復興の中で堺駅〜龍神駅間でカーブしていた南海本線を直線化する工事が行われ、1955(昭和30)年に堺駅と龍神駅を統合した新しい堺駅が完成した。

電車はモハ1521形1528、まだ残っていた木造車を置き換えるために1501形の電装品を使い1960(昭和35)年に日立笠戸工場で造られた20m級4扉車、1527-3804-1528のように中間付随車を入れた3両固定編成。

◎1528　堺　1964(昭和39)年12月19日

電車の奥右手に見える旧堺駅は貨物ヤードとして使われ、客貨分離が行われている。旧線はヤードの東端から直進し栄橋・龍神遊郭を横切り龍神駅付近でS字カーブを描いていた。統合時の駅舎は戦前の鉄筋コンクリート造だった龍神演舞場の建物を改修し使っていた。1985（昭和60）年に完成する堺駅の高架化工事で、駅の位置は開業時の場所へ戻った。

電車は7001系、高野線の6001系はオールステンレス車両で登場したが、南海線はオールステンレス化の経済効果が未知数だったのと、製造会社が東急車輌に限られるため、鋼製車体として1963（昭和38）年から3＋2の5両編成で製造されている。

写真の7014は、7013-7904＋7015-7804-7014の編成で1964（昭和39）年11月に落成、撮影時期はまだ走り出して間もないころ。

◎7014　堺　1964（昭和39）年12月19日

羽衣

11001系は南海初の高性能車で、多段階制御・カルダンドライブ、車体は2000形と同じ20m 2扉クロスシートだが高抗張力鋼を用いた準張殻構造となり軽量化された。1954（昭和29）年に帝國車両で8両製造されており、モータ出力100馬力の南海線用新型車という事で頭に「1」を冠し11001形となっている。片運転台なので奇数車と偶数車で編成を組むが、MMユニット方式ではないので単独で使用でき、3両編成を組んだこともある。
◎11004　羽衣　1964（昭和39）年12月19日

羽衣駅の開業は1912（明治45）年、隣の高師浜駅（南海本線上の駅）と同時の開業で、電車運転開始により駅の増設が可能になったのと、浜寺ロシア兵俘虜収容所を跡地を住宅地として開発を行うためだった。その後住宅地への足として高師浜線が開業し羽衣駅は分岐駅になり、本線上の高師浜駅は高師浜線に伽羅橋駅が開業したので廃止されている。戦前は難波駅から直通電車が時間3本運転されていたが、戦後は線内折り返しになり、駅構造も改められている。
電車はモハ1521形1522、1959（昭和34）年帝國車両製、昇圧時に両運転台化改造が行われ、元々和歌山市向きの電動車だったため難波方に運転台を増設、増設側は乗務員室扉の高さが高いので、車体の前後ろで乗務員室扉の高さが異なっている。◎1522　羽衣　1978（昭和53）年5月18日

『泉大津市史』に登場する南海電鉄

紀泉鉄道会社創立の請願

大阪には明治10年、国の力で京都・神戸間の鉄道が建設されたが、その後は政府の鉄道建設は一向に進まなかった。その後、大阪では民間資本の充実にともない、大阪堺間の鉄道建設が考えられ、明治17年、藤田伝三郎、松本重太郎らが大阪堺間鉄道会社を発起、政府の敷設許可を（明治17年6月16日）受けて、鉄道建設にかかった。これが阪堺鉄道で、明治18年2月18日、起工、そして同年12月26日に難波・大和川間を開業した。その後、大和川〜堺吾妻橋間を工事して、明治21年5月15日、難波・堺間を全線開通させた。

阪堺鉄道は、大阪での最初の私設鉄道となったが、この鉄道の成功に刺激されて、この時期、「鉄道ブーム」といわれるような私設鉄道設立熱が起こり、政府は明治20年5月18日、私設鉄道条例を出して、健全な発達を促し、保護的な政策をとった。

こうした中、明治22年、阪堺鉄道会社社長松本重太郎らは、紀州和歌山県人や泉州岸和田そのほか沿線町村の人びとと語らって、泉州堺より紀州紀の川北岸までを結ぶ紀泉鉄道を発起、この鉄道と阪堺鉄道とを堺吾妻橋で接続して、大阪難波と和歌山とを結ぶことを考えた。

この年5月9日、紀泉鉄道会社創立の請願を内閣総理大臣黒田清隆に提出したが、このときの発起人は、松本重太郎ほか46人であった。

大阪府が松本重太郎ほか28人、和歌山県が18人であるが、大阪府の場合、阪堺鉄道関係の人を除くと、泉州岸和田の人が7人と1番多く、つづいて貝塚が2人となっている。泉大津からは横山勝太郎1人（勝三郎か）である。堺から和歌山へ鉄道を伸ばそうとすると、和歌山の人の協力と熱意はもちろんであるが、やはり泉州随一の町である岸和田の人の協力が必要であったことがわかる。

さて、紀泉鉄道敷設の請願は、和歌山から堺まで格別工事に困難なところがなく、堺からは阪堺鉄道に接続、その阪堺鉄道も、これを機に従来の軌道（ゲージ、2呎9吋）から、普通の軌道（3呎6吋）に改築するということであるので、この際、既設官線と連絡する方法を立てれば許可するということで、6月12日に早くも仮免状が下付された。

この後、紀泉鉄道会社創立発起人は、線路図面、工事方法書などの書類図面を調整する一方、阪堺鉄道と協議して、同社の合併を相談したが、その協議がはかどらず、またこの最中、大阪和歌山の発起人と、泉州地方の発起人、特に岸和田の寺田甚与茂

らと意見の対立が出てきた。また8月9日にかけて、和歌山県下に大洪水があり、堤防決壊で発起人の間にも損害を被るものも出た。また金融逼迫の時で、株式払い込みも難しい状態となったので、時期を待つべしとの意見も出てきた。

こうしたことで、結局、8か月間の仮免状期間内に会社創立のための本免状出願に至らず、政府の23年3月7日の仮免状期限の猶予の不認可の決定で、鉄道設立は失敗に終わった。

紀泉・紀阪両鉄道の競願

それから3年、明治25年6月には鉄道敷設法が公布され、近畿では官線を大阪から和泉を通って和歌山へ繋ぐ鉄道とするか、または、大和から和歌山へ至る鉄道とするかの比較線が示され、国会で、また地元でも議論が沸き起こった。この時期にあたり、紀泉鉄道旧発起人の間で、官設鉄道の敷設を願うよりも、民間で各自資本を出し合い、積年の紀泉鉄道を復活させたいとの動きが出てきた。

明治26年5月、和歌山地方旧発起人が中心となり、資本面での援助を求めて、泉州出身代議士の佐々木政又へ、また堺の岡村市兵衛、岸和田の寺田甚与茂ら泉州の人びとを訪ねたが、今は資金に余裕がないと協力を得ることができなかった。

このとき、阪堺鉄道の松本重太郎も、紀泉間の鉄道着手の機運が到来したと、和歌山の旧発起人に働き掛けることがあり、紀泉鉄道復活の動きが出てきた。

6月に入り、岸和田の佐々木政又、寺田甚与茂、川合為巳、堺市の岡村市兵衛、辻本和七らは阪堺鉄道の松本重太郎らと関係することを嫌い、一転して紀阪鉄道会社創立の願書を国に提出、ここに紀泉と紀阪の両鉄道会社が対立競合することとなった。

これに対して、紀泉鉄道旧発起人と阪堺鉄道会社は、紀泉鉄道の復活と両者の合併の協議をし、阪堺鉄道の天下茶屋駅から大阪市湊町へ出て大阪鉄道に繋ぐとして官線との連絡を考え、いずれ阪堺と紀泉両社を合併し、単一会社にすることとした。そして、同年6月27日、改めて紀泉鉄道株式会社の創立を出願した。2度目の紀泉鉄道株式会社創立発起人署名者をみると、大阪府が49人、和歌山県が17人の合計66人となっている。これを前回の明治22年の出願時と比較すると、全体の人数が47人から66人と増えている中で、大阪市、堺市、それに泉州各町村の人びとが特に増加していて、紀泉鉄道側からの働きかけが強力に押し進められたことがわかる。

泉大津市域の人でみると、大津村の横山勝三郎が7人の創立委員の内に入るとともに、大津村の寺田利三郎、穴師村の小滝弥彦、上条村の田中楠三郎が新たに加わり、漸次鉄道への関心の高まりを示している。

こうした紀泉・紀阪両鉄道会社の競願となったことで、大阪府は両者の路線計画にあまり相違がないことから、双方の発起人から交渉委員を呼んで、合併協議をさせたが、両者の確執は堅く、不調に終わった。それで、結局、伯爵松方正義の仲裁裁判を乞い合併することに決着した。

ここに紀泉・紀阪両者は合併して、新たに紀摂鉄道株式会社を創立することとし、同年11月4日、発起人会を開き14人の創立委員を選出、同年11月13日、大阪府下湊町より堺市、岸和田を経て、和歌山県下和歌山市へ達する鉄道の敷設を申請した。

この紀摂鉄道株式会社の資本金は280万円で、総株数5万6000株、発起人は234人となり、また一段と人数が多くなった。

泉大津市域の人でみると、大津村4人、穴師村2人、上条村1人となった。大津村は横山勝三郎、寺田利三郎のほか、新たに高橋与三郎、檀清七が加わった。穴師村は小滝弥彦のほか岡部為吉が入った。上条村は田中楠三郎である。

紀摂鉄道株式会社に対する仮免状は、翌明治27年7月2日に下り、実地測量が許可された。

会社は翌28年8月25日、創業総会を開催、出席した株式申込人は981人で、引受株式は5万0488株であった。この総会で、本社の名称を南海鉄道株式会社と改称、定款を決定し、松本重太郎社長ほか役員を選出した。同年10月20日、会社設立および鉄道敷設の本申請をし、結局、翌年明治29年3月3日に本免許が下付された。

南海鉄道の開業

南海鉄道株式会社の鉄道建設事業は、明治29年3月から工事が着工された。大阪（難波）・和歌山間の内、難波〜堺間は軌間3呎6吋に改築し、堺〜和歌山間は新規の線路敷設であった。ほぼ紀州街道に沿い、泉州の海岸平野を通すものであるので、これといった難行事はなかったといわれる。

市域の内、鉄道が通る上条村助松では、土地売渡ならびに設計協議につき、田中楠三郎ら3人を代理人と決め、土地売渡その他の交渉を任せた。同年5月15日には、設計契約証が南海鉄道株式会社と交わされている。土地の売買契約は9月17日に成立、用地売渡に応じた。ちなみに田一反歩の売渡代金は、1等255円から10等212円までであった。

堺〜和歌山間の第1期工事は、明治30年2月から堺〜佐野間で鉄道敷設工事が始まり、9月に竣工した。

明治30年10月1日、堺〜佐野間が開通、11月9日、佐野〜尾崎間が開通、12月15日から難波〜尾崎間の直通運転を開始した。なお、尾崎〜和歌山北口間は明治31年10月22日に開通、難波〜和歌山市間の全線開通は、明治36年3月21日となった。

当時の南海鉄道の駅（停車場）は、難波、天下茶屋、住吉、大和川、堺、湊、浜寺、葛葉（簡易停車場）、大津、岸和田、貝塚、佐野、樽井、尾崎などであった。

明治30年9月25日付けで認可を受けた最初の運賃は、難波〜大津間が16銭、堺〜大津間が9銭、大津〜岸和田間が5銭、難波〜尾崎間が34銭などであった。

大津駅は、明治30年10月1日、堺〜佐野間の営業開始と同時に開設された。当時の大津駅には駅舎1、便所1、物品倉庫1、駅長社宅1の4棟であった。12月になって、貨物上屋を1棟増設した。線路は単線であったが、駅構内には、本線ともう1本荷物線があった。

この後、明治44年5月に葛葉〜大津間、8月に大津〜貝塚間が複線になり、この年7月1日から汽車と電車の併用運転が開始された。

当時、駅から大津村へ通ずる道路も畦道しかない状態であったが、ときの大津町長藤田瀬一郎外有志の尽力で、明治30年11月25日、駅から国道に通ずる道路ができた。また駅から南の槙尾街道へ通ずる道路として、これもまた穴師村小滝弥彦、北松尾村岡本両氏の発起で、寄付金を募り、線路両側に道路を設けた。明治35年1月であった（泉大津駅の栞）。

さて、南海鉄道が開通した明治30年当時、大津村の人口は3700人余、上条村は2000人余、穴師村は2200人余であった。大津村では日清戦争を機に牛毛布の生産が活発となり、綿毛布の輸出も始まった。真田織も織られていた。このころの大津織物業は、個人経営の工場が中心であったが、織物業がこれから発展しようとする矢先に、南海鉄道という輸送機関を持つことができたことは、大変有利になることであった。南海鉄道は、この後、日露、第1次世界大戦時の大津織物業の発展を側面から支える大きな役割を果たしたといえる。南海鉄道ができるまでは、大津の織物は飛脚により陸送されたのであるが、明治41年1月16日から南海鉄道が飛脚荷物運送特約をしたので、これを機に汽車便によるものが大部分となった。荷物は難波まで送られて、大阪問屋の手に渡った。また神戸からの輸出が盛んになると、神戸まで貨車のまま運ぶこともできるようになった。ただし、穴師村の人は、堺地方に近く、飛脚による陸送が得策であったともいう。

貝塚

貝塚駅ホーム北端、2面4線の旅客ホームの両側に
貨物用側線が見える、右側の線路は水間鉄道とつな
がって、貨車の授受が行われた。この頃は堺駅に貨
物ヤードがあり、和歌山市駅まで5往復、樽井・東
佐野駅まで各1往復の貨物列車があったが順次縮小
され、堺駅の連続立体交差化工事で貨物ヤードが使
えなくなるため、和歌山地区を除き1977（昭和52）年
で貨物は廃止されている。
電車は12001系、1959（昭和34）年に11001系と同じ車
体を持つが、手持ちの2000形用200馬力モーターを
使った釣掛け駆動車として、近畿車両でモハ12001
形-クハ12801形が各2両新造された。形式は200馬
力モーターなので2000番台となり、南海線用優等車
で頭に「1」を冠している。4両編成で電動車は2
両となるので、パンタグラフが全電動車の11001形
の半分になっている。
◎貝塚　1956（昭和31）年10月

みさき公園

みさき公園駅は、1937（昭和12）年に大阪ゴルフクラ
ブへの最寄り駅の南淡輪駅として開業した。1944
（昭和19）年に多奈川線建設に際し、S字カーブを描
いていた駅付近を直線化し駅部分の敷地を確保し、
和歌山市駅方へ200m移転した。同時期に大阪ゴル
フクラブは軍に戦時接収され農地となった。戦後ゴ
ルフ場再開の動きの中で、接収された土地は解放農
地となっておりゴルフ場として農地の転用が出来な
くなっていたので、府民のレクリェーション施設と
して都市計画公園を建設し、その緑地帯としてゴル
フ場を再開することにして農地の払下げ転用を行っ
た。南海は公園として泉岬公園（のち、みさき公園）
を開園し、1957（昭和32）年にみさき公園駅に改称さ
れている。
駅構造は多奈川線開業時と変わっておらず、2面4
線の上りホーム和歌山市方に多奈川線折り返しホー
ムを有し、連絡急行以外はここに発着する。昇圧後
の線内折り返し電車は1521形が用いられ、先頭の
1523は昇圧時に制御器とブレーキの交換等を行って
いるが外観に変化はない。後ろのクハ3901形3902は、
サハ3801形に運転台を取り付けたので、乗務員室ド
アの高さが高くなっている。
◎1523　みさき公園　1978（昭和53）年5月18日

『泉南市史』に登場する南海電鉄

南海鉄道の成立と全線開通

　現在、当市域内に通じている二条の鉄道路線のうち、平野部の海外線沿いに走っているのが南海電気鉄道（南海電鉄）であり、当市域内に樽井・岡田浦の２駅を置き、大阪方面および和歌山方面への市民の通勤・通学・商用・レジャーなどに欠かせぬ公共交通機関として、大きな役割をになっている。

　南海電鉄という社名は第２次大戦後の新発足に当たり現在のように改称したもので、同大戦末期の交通統合により一時的に近畿日本鉄道と称したのを除けば、戦前は一貫して創業以来の南海鉄道という社名であった。しかし沿線の住民や利用客、鉄道ファンには「南海電車」の名で長く親しまれて来たし、現在もなおそうである。ところで、この鉄道を「南海電車」と親しみをこめて呼びならわすほどの人々は、この鉄道がもともと蒸気鉄道であって、蒸気機関車が客車を引いて走っていたと聞くとおどろくかもしれない。そのことは、この鉄道の一路進んできた歴史の古さをものがたるものであるといえよう。

　戦後、南海電鉄と改称された南海鉄道の前身会社は、明治18（1885）年12月に大阪難波・大和川間に開業した、わが国最初の都市間連絡私鉄たる阪堺鉄道である。その後、同21年５月には堺までの全線が開業を見た。そのことにより、堺はもとより、それ以南の泉州地方が鉄道という文明の利器の提供する近代的輸送サーヴィスによって関西商工経済の中核都市大阪と密接に結びつけられ、その経済的影響のもとに組み入れられた。すでに近世期以来、農民的商品生産のめざましい進展により大阪市場との結びつきを深めていた泉州各地の産業人たちは、阪堺鉄道それ自体は短距離の狭軌鉄道にすぎないにせよ、伝統的な陸送方式や在来の海上運輸には求められぬ近代機械制輸送機関の便益を目のあたりにして、現実的となった輸送革新を求める志向をつよめ、むしろ主体的に阪堺鉄道と結んで堺からさらに南へ、泉州各地を結ぶ鉄道建設を構想するようになった。

　そして、こうした阪南交通体制の近代的整備拡充への動きのなかで、極大化を志向する資本主義経済の原則どおり、その交通市場をより大きく、堺から泉州を貫いて和歌山までの長大な規模において実現すべきであるとの認識に立つ大阪、堺、岸和田、和歌山など各地の実業家グループが発起人となって、ここに明治22（1889）年５月、堺・和歌山間を結ぶ紀泉鉄道を設立しその路線建設の免許交付を政府に出願し、翌６月仮免状を与えられた。

　その間、紀泉鉄道と阪堺鉄道とは相互の連絡輸送体制づくりについて協議を重ねており、その結果両鉄道は抜本策として合併することに話がまとまったが、あいにく和歌山県下の大水害発生により同地方経済界が打撃をうけ、和歌山地区の発起人・出資者の足並みが乱れて合併案件は難航のすえ白紙に戻ってしまった。その後、明治26（1893）年になってようやく機運が到来し、紀泉鉄道発起人グループは計画の再起をはかってあらためて阪堺鉄道と交渉を進め、両社合併契約を結ぶ段取りになった。ところが、ここではしなくも持ち上ってきたのは、かねてより同じ阪・和間交通市場での競合路線として相互に矛盾を孕んでいた紀阪鉄道の計画との調整問題であった。

　この問題は曲折のすえ、同年10月に至って政界の有力者松方正義の調停により、松方の裁定した条件を受け入れて両社の鉄道計画を合併するというかたちでようやく解決され、翌11月あらたに資本金280万円の紀摂鉄道として、大阪市湊町・和歌山市間を結ぶ会社設立の免許交付が出願された。

　翌明治27（1894）年７月に、紀摂鉄道は仮免状を与えられ、さらに翌28年８月に至って創立総会を開催し、ここに会社の事業体制がととのった。翌９月、会社設立と鉄道建設の免許の交付について政府に出願した。この間、紀摂鉄道という社名が、いったん南陽鉄道に改められたが、やがてまもなく同年10月には、現在の「南海鉄道」と確定したのである。

　南海鉄道は、翌明治29年３月に入って正式の免許を交付され、ここでようやく紀泉鉄道計画化以来棚上げになっていた阪堺鉄道との合併交渉を進めることができるようになった。阪堺鉄道側は、従来の自社線路の軌幅（２フィート９インチ）を南海鉄道にあわせて狭軌（３フィート６インチ）に改築し、会社の資産一切を100万円で南海鉄道に譲渡することとした。そこで南海鉄道側は阪堺鉄道路線の買収予定を前提として、わが国鉄道工学の権威たる工学博士南清を工事顧問に迎え、翌明治30年２月に堺以南の路線建設工事に着手し、同年10月１日には堺・佐野間15マイル９チェーンが開通し、引きつづき翌11月９日には佐野・尾崎間５マイル51チェーンの開通を見た。

　この間、阪堺鉄道路線の改築工事もほぼ出来たので、南海鉄道は翌12月15日から、そこに乗り入れて難波・尾崎間に直通列車の運転をはじめたの

である。

翌明治31年３月、南海鉄道による阪堺鉄道の買収契約が両社間で締結され、また同年７月には南海鉄道がさきに免許を受けた路線の大阪市の起点を湊町から難波に変更したあと、いよいよ同年９月30日をもって阪堺鉄道は解散し翌10月１日に南海鉄道が元阪堺鉄道路線難波・堺間の営業を引継いだ。この買収にともない南海鉄道は明治31年度下半期において120万円を増資し、資本金が400万円の大企業に成長をとげた。同月22日には尾崎・和歌山北口間約12マイルが、阪和府県境の孝子峠越トンネル工事を含めてほぼ１年ぶりに開通にこぎつけた。しかし、そのあと終点和歌山市に至るわずか１マイル29チェーンの途中によこたわる紀ノ川の長大橋梁工事を竣功し念願の全線開通を果たすには、明治36（1903）年４月21日まで待たねばならなかったのである。

（中略）

南海鉄道の開通と地域社会

さきにのべたように、南海鉄道の線路建設工事の佐野・尾崎間が開通した明治30年11月９日に、当市域内樽井の地に「樽井駅」が開業した。その日の「開通式には樽井の人々は勿論、近在から弁当持で汽車見物に集まり、現在の東洋クロス株式会社の所にあった高砂子の松原は、人でうずまったそうである。」しかし「開通当時の樽井駅付近は殆んど沼地で……駅前道路がつくられていたが、……１軒の茶店と、……松の家旅館の２軒がある淋しいものであった。駅前道路左右一帯は沼地で、……旧樽井墓地も、移転して間のない頃であったから、その頃はまだ無縁墓なども沢山立っており、数本の古い松もあって、早期や夜分などは物淋しく通る者は１人もなかった。そのため乗降客の多くは受法寺阪を下り、電車道路にそい駅に行ったそうである。駅前……には数本の柳の木があり、そこに人力車の待合所があった。当時樽井佐野間の人力車賃は９銭であった。」

こうして南海鉄道の路線が堺から尾崎まで伸びてきて、泉南の沿海平野の町や村と大阪の間には、阪堺鉄道に乗入れて１日に上り・下りとも各９本の汽車が、２時間足らずで走るようになった。樽井・難波間の所要時間は上り１時間49分、下り１時間53分となっており（ただし、上り下りとも、夜間の２列車には、若干の遅速がある。）、当市域内の村々は樽井駅における南海鉄道の利用によって、大阪との日帰り交通圏に組込まれるに至ったのである。

さて、樽井に南海鉄道が通じた翌年の春早々に、当時在野の人として大阪毎日新聞社の要職（のち社長）にあった原敬が金熊寺の観梅のために、大阪から汽車で当地へやって来ている。すなわち、彼の書きのこした『原敬日記』のなかに明治31年３月６日の記事として次の１節が見える。

「二水会員と共に　金熊寺の観梅に赴く、鉄道の便開らけて今年始めて観梅に赴く者あるに至りたるなり。」

南海鉄道のように大都市とその衛星的市町村とを結ぶ鉄道は、とくに近郊・周縁地方農村部から工業労働力や一次産品（食料品および工業原材料）を大都市の方へ吸い上げる機能をもつ反面では、大都市住民のために近郊農村部の方に向かっての郊外行楽・沿線開発的交通手段としての性格をその後いっそう強めてゆき、いわゆる郊外電車として発展をとげていくが、この日記はそのような新しい鉄道のあり方をその早い時期において記録したものとして興味ふかい。南海鉄道の泉南開通後まもなく公刊された『南海鉄道案内』もまた金熊寺の梅林の美観について「花の頃は爛漫清奇春雪渓を埋めて一日千本、否万本、和州の月が瀬につゝいての一大勝地でございます。是までは往来の不便で、岸和田貝塚あたりの人よりか遊ばなかったのですが、是より南海鉄道の便を借りて、堺、大阪、其他の地方からも続々観梅の客が出かけてやがて、花の匂ひと共に芳しい名がいよいよ四方に聞えませう」と述べているのであった。

（中略）

鉄道輸送拡充と電気供給

前項で述べた佐々木政義の実業活動の中でも、もっとも強固に、深く土地に根づいたものは鉄道事業であった。そしてそれは、新しい時代の社会の要求を直接吸い上げて枝葉を伸ばし、花を咲かせ実を結ぶためのいとなみを日々重ねつつあった。

南海鉄道は明治36（1903）年度に阪・間全線開業を達成したあと、輸送サーヴィスの向上に力を入れることとなった。運転の安全はもとよりのこととして、より速いスピード、より多くの列車便数による運行体制の実現がこれであり、その手段として動力の電化と線路の複線化の計画が進められた。すなわち、明治38年度以降、南海鉄道は増資を重ねて電化関連施設に取組み、同40年７月難波・浜寺間に複線化工事を竣功、翌８月下旬より同区間に蒸気車と電車の併用運転を開始した。

これを手始めに、漸次電化施設は南西へ伸びていき、難波・和歌山市間の全線に電化が完成したのは、明治44（1911）年11月下旬に入ってである。一方、複線化工事も徐々に進捗し、大正11（1922）年度に至ってようやく全線の完工を見たのであった。

（以下、略）

和歌山市

　南海本線が紀ノ川橋梁を架け和歌山市駅まで延伸したのは1903（明治36）年、同時に紀和鉄道（今の紀勢本線・和歌山線にあたる）和歌山（現・紀和）駅〜南海連絡点（現・南海電鉄分界点）の紀和連絡線が開業し、南海鉄道の和歌山市駅へ乗入れを開始した。紀和鉄道は五条駅まで全通したものの経営は苦しく南海鉄道に売却の仮契約も結んだものの条件で折り合いがつかず、結局関西鉄道に売却となり関西鉄道の国有化により和歌山線（1972（昭和47）年に部分廃線後は紀勢本線に編入）となった。そのため現在も分界点より先はJR線が南海線へ乗り入れる格好になっている。

　ED5151形5152は終戦後の貨物輸送増大のため1948（昭和23）年に増備された東芝40ｔ標準型電気機関車。元々架線電圧1500V仕様を南海線の600V区間で使用していたので昇圧改造されたが、天王寺駅〜貝塚駅間の貨物廃止により1977（昭和52）年に廃車になっている。

　ED5201形5204は1963（昭和38）年の東芝製で4両が造られた。弱め界磁を持つ高速仕様で運転間隔の狭い南海本線でも走れる仕様とし、牽引力不足分は総括制御による重連として対応している。1984（昭和59）年の貨物全廃まで用いられた。

◎和歌山市　1966（昭和41）年12月29日

◎5152　和歌山市　1966（昭和41）年12月29日

◎5204　和歌山市　1978（昭和53）年5月18日

天王寺支線

大阪鉄道（今の関西本線・大阪環状線東側にあたる）
の天王寺駅に乗入れのため、天下茶屋駅〜天王寺駅
間を1900（明治33）年に開業した。大阪鉄道を介して
貨車の連絡や、国有化前は大阪駅から南海線へ直通

天王寺

南海本線の貨物は天王寺駅で国鉄線へ
継走されてる。電車の合間を縫って運
転されるため重連で運転されることが
多かった。
◎5204　天王寺
1966（昭和41）年12月29日

して住吉駅までの列車も運転されている。
　1966（昭和41）年に国鉄乗換駅として新今宮駅が開業すると旅客は激減、貨物輸送も1977（昭和52）年で廃止となり、天下茶屋駅の高架化、大阪市堺筋線の延伸工事のため天下茶屋駅〜今池町駅間が1984（昭和59）年に、残る区間も1993（平成5）年に廃止されている。

高師浜線

　高師浜線は日露戦争後に浜寺公園南側の高石村内にロシア兵俘虜収容所が設けられたが、その跡地を住宅地として整備するため、1918（大正7）年に羽衣駅～伽羅橋駅間が、1919（大正8）年に高師浜駅までの全線が開業した。

高師浜

高師浜駅は線路に直交してモダンな駅舎が建てられた。1970（昭和45）年に伽羅橋駅～高師浜駅間が高架化されたが、駅舎は移築しそのまま使われ、階段を上がってホームに出る構造となった。1973（昭和48）年の昇圧後は1521系の両運転台が専ら単行で運用されていた。モハ1522は1959（昭和34）年製で、主電動機等は1501形の電装解除したものを用いている。昇圧改造で両運転台に改造された。
◎1522　高師浜　1978（昭和53）年5月18日

◎1522　高師浜　1978（昭和53）年5月18日

多奈川線

潜水艦専用造船所の川崎重工業泉州工場への通勤や資材輸送用に1944（昭和19）年に南淡輪（現・みさき公園）駅〜多奈川駅間を開業。中間の深日村中心部に近い位置に深日町駅が設けられたため、南海本線上の深日駅は廃止されている。

戦後川崎重工業泉州工場が閉鎖され、船留を改修して深日港が1948（昭和23）年に開港すると隣接地に深日港駅が設けられ、淡路航路・四国航路に接続する難波からの連絡急行が運転された。

しかし淡路・四国航路は次第に他港の発着へ移っていき連絡急行も無くなり、明石海峡大橋の完成で淡路・四国方面への航路は無くなった。

連絡急行は本線系の電車が乗り入れたが、南海線昇圧後の線内ローカルは支線用の1521系が用いられていた。

多奈川

連絡急行は本線系の電車が乗り入れたが、南海線昇圧後の線内ローカルは支線用の1521系が用いられていた。
◎1523　多奈川　1978（昭和53）年5月18日

加太線

加太線は1912（明治45）年に加太軽便鉄道が和歌山口（後の北島）駅〜加太駅間を開業させたのに始まり、1914（大正3）年に紀ノ川橋梁を架橋し和歌山口（2代）駅を和歌山市駅隣接地に開業。沿線の需要のほか紀伊水道の防衛にあたった由良要塞深山重砲兵連隊への輸送もあった。1930（昭和5）年に電化して社名も加太電気鉄道に変更される。

沿線に住友金属工業和歌山製鉄所が1942（昭和17）年に開設されると南海鉄道に合併され、和歌山口駅を和歌山市駅に統合、製鉄所への輸送も加わったが、軽便規格の紀ノ川橋梁では重量列車が通過できず、近畿日本鉄道に統合されたのちの1944（昭和19）年に本線紀ノ川駅〜東松江駅間の現在線が開業、在来線は北島支線となる。

戦後水害で紀ノ川橋梁か被災すると東松江駅〜北島駅間の運転に短縮されるが1966（昭和41）年に廃止されている。

和歌山市

加太線の貨物列車は東松江駅でスイッチバックして住友金属工業の専用線に接続するため、前後に電気機関車を連結する形で運転されていた。南海の中で最後まで貨物輸送を続けたが、1984（昭和59）年に廃止されている。
ED5108は1923（大正12）年梅鉢鐵工所製、電機第弐号形5009、EF 3形5109に改番の後、戦後戦災車の整理でED5101形5108となっている。◎5108　和歌山市　1966（昭和41）年12月29日

和歌山港線

　戦後紀ノ川河口に和歌山港を整備するにあたり、港湾整備の県と、港へのアクセスを考えていた南海との思惑が一致し、南海が所有していた和歌浦までの免許を使い、和歌山市駅〜久保町駅間を南海が、久保町駅〜和歌山港駅間を和歌山県が建設し、1956（昭和31）年に南海和歌山港線として開業した。

和歌山港（初代）

初代の和歌山港駅は築地川の右岸に位置し、ホームの端に駅舎がありその右手に客船乗り場が設けられた。線路の開業にあわせ客船「南海丸」を用いて「南海四国ライン」も開業している。四国側は小松島港に連絡し国鉄の連絡運輸も開始されるが、1964（昭和39）年にフェリー「きい丸」就航により自動車航送を開始すると、フェリーふ頭は現在地に移ったため、乗客はバス連絡を挟んだ。1971（昭和46）年の水軒駅延長にあわせ旧・和歌山港駅手前から新線を建設し、和歌山港駅はフェリーふ頭隣接地へ新設され、旧・和歌山港駅は和歌山市駅方へ移設し築港町駅に改称された。
先頭の電車はモハ1551形モハ1559、1940（昭和15）年製のクハ1901形1916を、1949（昭和24）年に電装し改番したもの。南海汽船小松島航路開設にあわせ、連絡急行「あわ号」用にドア間を転換クロスシートに改造し、塗装も白灰色と藤色のツートンカラーに改めている。
◎1559　和歌山港　1958（昭和33）年12月27日

水軒駅への延長は、和歌山南港が木材港として整備するにあたり、港への貨物輸送のため1971（昭和46）年に和歌山県が建設し、南海和歌山港線の延伸として開業した。延伸と同時に和歌山港駅は現在地へ移転している。

　しかし開業した頃には木材輸送はトラック輸送に移り、臨時貨物列車のスジは設定されたものの貨物列車が運転されることは無かった。

水軒

水軒駅は本線のほか、機回し線と貨物扱い線が用意されが、本線に設けられたホームに電車が発着するだけで、南海線の昇圧で支線用となったモハ1521形が用いられた。水軒駅の貨物扱いは、国鉄のヤード廃止に伴い1984（昭和59）年に廃止されている。
モハ1530は1961（昭和36）年帝國車両工業でモハ2051形2052として製造され、1973（昭和48）年の昇圧時期にモーターと制御器の交換・両運転台化と改番が行われている。モハ2051形が出自なので、モハ1521形と違い既設側・増設側とも乗務員室扉の高さが高い。
◎1530　水軒　1978（昭和53）年5月18日

水軒

◎水軒　1978（昭和53）年5月18日

画面奥に貯木場が見え、画面左手に材木を扱う和歌山南港がある。和歌山港は古くから木材の積出港であったが、当時増加していた輸入材を台風等から安全に一時保管する施設として南港の貯木場は計画された。

その木材等を扱う予定で開業したが、貨物列車は運転されず、旅客列車が一日2本来るのみで、それも踏切拡幅工事の関連から2002（平成14）年に廃止されている。

◎水軒駅時刻表 旅客運賃表　1978（昭和53）年5月18日

第2章

南海電気鉄道
大阪軌道線

・上町線

・平野線

大阪軌道線 上町線・平野線

◎平野線中野〜西平野　1964（昭和39）年12月19日

上町線は1900（明治33）年、天王寺長者ヶ崎〜天下茶屋間を開業した大阪馬車鉄道を起源とし、改軌電化を目指し設立した浪速電気軌道を合併した南海鉄道が上町連絡線として開業した。

　平野線は阪南電気軌道が工事中の路線を、現在の阪堺線を1911（明治44）年から順次開業していた阪堺電気鉄道（初代）を合併し、1914（大正３）年に平野支線として開業した。

上町線 天王寺駅前

天王寺駅前駅を出る我孫子町駅行き電車。この日は正月三が日の臨時電車が出ているので、天王寺駅前駅の折り返し電車が詰まっている。南海鉄道が1909（明治42）年に大阪馬車鉄道の線路を改築・電化し上町連絡線を開業した時は、天王寺駅前駅から先の天王寺西門前駅が起点だった。大阪市電へ直通運転も行なわれたが、1912（明治45）年に大阪市電が均一運賃制に変わると直通は廃止になっている。また1920（大正9）年には大阪市電の霞町玉造線が開業し上町線と交差することになるが、天王寺公園東門駅〜天王寺西門前駅は1921（大正10）年に大阪市電に譲渡され、起点を天王寺駅前駅に改称。1943（昭和18）年の阿倍野橋の架け替え前に橋南詰め交差点南の現在地へ移転している。

電車はモ301形306、1927（昭和2）年の川崎造船所製電4形で、1930（昭和5）年にモ151形153となる。戦後直接制御器から多段式自動制御器に交換しモ301形に改造される。ジャンパ線受けや連結器も装備して連結運転に対応した。しかし同じく連結対応のモ161形（左側の電車）とは制御回路が異なるので連結運転できず、誤連結防止のためジャンパ線受け蓋が白く塗られている。

◎306　上町線天王寺駅前　1959（昭和34）年1月3日

65年前の大阪阿部野橋駅前、大阪屋証券（現・岩井コスモ証券）やあべの文化の看板があるビルは、1954（昭和29）年に竣工した旧・岸本ビル。その後ろのおおきな建物は1957（昭和32）年に南側に新館を建築し増床工事を行った近鉄百貨店阿倍野店。2013（平成25）年に阿倍野岸本ビルが、2014（平成26）年に近鉄百貨店はあべのハルカスに建替えられている。電車は1927（昭和2）年に川崎造船所で電4形154、151〜160の10両が造られたが、4両がモ301形に、2両がモ161形に改造されたので4両が残り車番は151〜154に揃えられたが、空番を埋めたため154は改番歴がない。その後直接制御器からモ301形と同じ間接制御器に1960（昭和35）年に改造されるが、連結対応は行われなかったので改番は行っていない。写真は改造前なので、運転士窓越しに背の高い直接制御器が見えている。
◎154　上町線天王寺駅前　1959（昭和34）年1月3日

阿倍野

阿倍野交差点、上町線の電車は直進し交差する線路が平野線。上町線は南海鉄道・平野線は阪堺電気軌道の開業と会社が異なっていたため渡り線は設けられていなかったが、1915（大正4）年に合併で南海平野線となると渡り線が設けられ、1929（昭和4）年には天王寺駅前駅～平野駅間の系統も運転される。戦時中に廃止されるが1954（昭和29）年に運転再開されている。

電車は1924（大正13）年に梅鉢鉄工所と日本車輌で20両造られた電3形、1930（昭和5）年にモ101形となる。モニタールーフの14m木造低床車。直接制御器で背が高いので、運転台窓越しに見えている。
◎116　上町線阿倍野　1956（昭和31）年10月

帝塚山四丁目

大阪馬車鉄道時代の線路は阿倍野街道に敷かれたが、東天下茶屋駅付近の阿倍野元町や万代池がある帝塚山付近、そして高野鉄道を乗り越す神ノ木駅付近は、電車化に際し専用軌道や新設道路に線路が敷かれた。帝塚山四丁目駅は1940（昭和15）年の開業、電車は神ノ木駅に向けて築堤を登るが、馬車鉄道時代は左の道を進み、1900（明治33）年に南海鉄道交差点手前に上住吉駅を設けて仮の終点とした。これは大阪方面に延伸しようとした高野鉄道と、先に特許を取っていた馬車鉄道との間で交差方法の折り合いがつかなかったためで、2年後の1902（明治35）年に馬車鉄道側が通行優先権を持つ平面交差で下住吉駅まで延長されている。しかし電車化を目指した大阪馬車鉄道は浪速電気鉄道と改称し、1908（明治41）年に馬車鉄道の運行を休止、平面交差は5年ちょっとで解消された。

電車はモ301形302、モ151形158の戦災復旧車。平野線の連結運転が廃止されたので【58ページ】の写真に対して連結器やジャンパ線受けが撤去されている。塗装は1975（昭和50）年から始まったCM電車で車体に小さく「ふれあいの心をたいせつに」のキャッチフレーズが入っている。モ301形は青色に白い雲となった。

◎302　上町線帝塚山四丁目　1978（昭和53）年5月20日

神ノ木

神ノ木駅は電化開業時の1968（昭和43）年。高野線を乗り越すための築堤上に設けられている。馬車鉄道時代の上住吉駅は築堤下の高野鉄道東側にあり、平面交差後は今の線路敷を通って下住吉駅に向かっている。
下の写真は22年後の同一地点。電車後ろ側の森は生根神社の境内。モ351形、モ501形はオレンジ色に白い雲のCM電車になった。◎116　上町線神ノ木　1956（昭和31）年10月

◎503　上町線神ノ木　1978（昭和53）年5月20日

平野線 苗代田

写真のカーブの先で通り沿いに出る。この付近は線路の南側に阪神高速松原線が建設されていて、線路敷は現在緑地帯がある歩道になっている。
◎223　平野線苗代田　1978（昭和53）年5月20日

苗代田駅は大通り（今の千秋通）沿いから曲がった所にある。電車は1967（昭和42）年に大阪市交通局（大阪市電）の1601形（1928（昭和3）年から造られた半鋼製低床ボギー車）を購入し、大阪車両工業で改修したモ121形123。
◎123　平野線苗代田　1978（昭和53）年5月20日

駒川町〜
中野

駒川町駅〜中野駅間で近鉄南大阪線と交差する。大阪鉄道（南大阪線の前身）の開通が1923（大正12）年と遅いので高架になっている。現在はこの位置に谷町線駒川中野駅が設けられているが、南大阪線は築堤のため交差部には駅が無い。

モ205形は、開業当時の阪堺電車電1・電2形や電動貨車11形の台車・電装品を使い1937（昭和12）年〜1943（昭和18）年に南海天下茶屋工場で42両を、戦中の仕掛品を1947（昭和22）年に広瀬車輌で4両製造し計46両造られた。223と225は1938（昭和13）年製造。台車は流用品のため高床車だったが、モ101形や大阪市電から購入した台車で低床化され、1949（昭和24）年にポール改造のYゲル化されていたが、1972（昭和47）年にパンタグラフに改造されている。
◎225　平野線駒川町〜中野
1964（昭和39）年12月19日

平野方面
のりば

暴力的迷惑行為追放

田辺警察署
田辺防犯協会

中野

中野駅は阿倍野から田辺方向
へ直進してきた線路がカーブ
して平野方向へ向かう所に駅
がある。手前の踏切は庚申街
道。踏切を挟んで平野方向と
阿倍野方向のホームが千鳥式
に配置されていた。
電車はモ501形502、1957（昭和
32）年に帝國車両で製造した初
の新性能車両。カルダンドラ
イブの空気ばね台車を装備す
る。登場時は連結運転が計画
されていたため連結器を備え
ていたが、この頃に外されてい
る。またクリームにグリーン
の塗装はモ501形から採用され
た。系統幕と方向幕も初めて
採用され、系統番号には「いろ
にほへとち」が使われている。
◎502　平野線中野
1964（昭和39）年12月19日

中野～西平野

中野駅付近から西平野駅にかけては直上高架で阪神高速松原線が建設されたため、末期の平野線は高速道路の下を走っていた。
電車はモ351形354, 1962（昭和37）年から翌年にかけ、木造車のモ101形廃車発生品のモーターを更新修繕して使い、帝國車両製でモ501同等の車体を載せ5両が造られた。中間ドア横の車掌台の窓がモ501は下降式に対して、モ351は引き違い式に変わっている。
◎354　平野線中野～西平野
1964（昭和39）年12月19日

1949（昭和24）年にこの地に移転してきた平野中学校の脇を走る。付近は低湿地で田んぼが広がっていたが、1960年代に入ると急速に宅地化されていく。電車はモ151形159、1927（昭和２）年に川崎造船所で電４形として製造され、1930（昭和５）年にモ151形に形式が改められるが車番は変わっていない。しかし撮影後モ151形からモ161形やモ301形に改造された車の空番を埋めるため、制御器改造の際に153（２代）に改番されている。
◎159　平野線中野〜西平野
1959（昭和34）年５月９日

西平野

西平野駅は1942(昭和17)年開業の増設駅。踏切を介してホームが千鳥状に配置されるのは中野駅と同じ。背後に平野中学校の校舎が見える。現在駅跡は背戸口公園となり、「なんかいでんしゃ　ひらのみち」と壁に記してある。
電車は205形213、経歴は【66ページ】の通りだが、1937(昭和12)年製造の205～210は一段下降式の側窓に対して、1938(昭和13)年製造以降の211以降は二段上昇式の窓に変わっている。また流用した電車電1・電2形の高床台車を使っているので、排障器が昔のパーメンタフェンダ(救助網)ほど大げさではないが、大型なものになっている。
◎213　平野線西平野　1959(昭和34)年5月9日

第3章

南海電気鉄道高野線
泉北高速鉄道線

・高野線

・汐見橋支線

・泉北高速鉄道線

・鋼索線(高野山ケーブル)

高野線

　高野線の歴史は1898(明治31)年に高野鉄道が大小路(現・堺東)駅〜狭山駅間を開業したのに始まる。その後長野(現・河内長野)駅〜道頓堀(現・汐見橋)駅へ延長。その後事業は譲渡され大阪高野鉄道として

1915(大正4)年に橋本駅へ延長、高野山(現・高野下)駅へは南海への合併後の1925(大正14)年に開業する。その先は高野山電気鉄道により1929(昭和4)年に極楽橋駅までの全線が開通している。

新今宮

高野線の小運転用に3両編成で登場した6001系だが、1966（昭和41）年に4両編成化した6015-6904-6808-6016と6017～の2編成が東急車輌で増備された。この編成から車番の地の色が緑に変更されている。その後在来編成の4両化、そして6両編成の運転で、6001系は複雑な編成組替えを行っていくことになる。この時期の「直行」の停車駅は、新今宮・住吉東・堺東からの各駅。

◎6016　新今宮　1966（昭和41）年12月30日

萩ノ茶屋

モハ1251形1270は、戦後1949（昭和24）年に日立笠戸工場で戦災復旧車として落成、15m級半鋼製車体に山線直通（大運転）用に回生ブレーキを装備した車。撮影時はすでに大運転用はズームカーに変わっていたので、高野線のローカルで使われている。後ろの編成はクハ2800形2802、戦前の和歌山特急用で冷房を搭載していた時期もあったが、やはりローカル運用に就いている。◎1270　萩ノ茶屋　1964（昭和39）年12月19日

萩ノ茶屋

1957（昭和32）年に復旧車で21201系が登場していたが、この車体に25％の弱め界磁が行える新設計モーターで平坦線100km/hを出し、かつ山岳線も運転できるズームカーが1958（昭和33）年に帝国車輌で製造された。11001系同様先頭車はモハ21001形、中間車はモハ21100形と「0」から付番されている。「急快速」の停車駅は堺東・北野田・河内長野からの各駅、「快速急行」の種別を初めて使った。
◎21004　萩ノ茶屋　1964（昭和39）年12月19日

萩ノ茶屋

クハ1831形1842、出自は電壱形を鋼体化名義で1931（昭和6）年から新製したモハ121形、1933（昭和8）年に改造されクハ716形になり、1936（昭和11）年の改番でクハ1881形になっていたが、1881は龍神駅で戦災に遭い1948（昭和23）年川崎重工泉州工場製で車体を新製復旧しクハ1831形となったもの。
◎1842　萩ノ茶屋　1964（昭和39）年12月19日

岸ノ里

南海本線と高野線が交差する岸ノ里駅は、1900（明治33）年に高野鉄道が道頓堀（現・汐見橋）駅まで延長する際に、南海鉄道の交差する部分（今の岸里玉出駅高野線ホームの難波駅方）に勝間（こつま）駅を設けたのに始まる。1903（明治36）年に阿倍野駅に改称され、1913（大正2）年に南海鉄道側の近接地に岸ノ里駅が開業する。

1922（大正11）年に南海鉄道が高野鉄道を合併すると、1925（大正14）年に阿倍野駅を岸ノ里駅に統合、単線で高野線から難波駅へ向かうを東連絡線を開通させる。1926（大正15）年に東連絡線を複線化、南海線玉手駅から高野線西天下茶屋駅に向かう西連絡線を複線で開通させる。

1970（昭和45）年の高野線ホーム改良までは、高野線から難波駅へ直通する電車は岸ノ里駅の東連絡線にはホームが無いため通過しており、汐見橋駅行きの電車が住吉東（堺東）駅から運転され高架ホームに停車している。

手前の線路は東線（1938（昭和13）年に難波駅～住吉公園駅間を複々線化した際に、新設した西側の新線を西線、在来線側を東線と呼んだ）の線路で、南海本線の住吉公園駅までの各駅停車はこちら側の線路を走る。難波駅に向かう電車は堺東駅始発のズームカーによる各駅停車。西側線の今宮戎駅と萩ノ茶屋駅にはホームは設けられていないので、住ノ江駅以遠の各駅に停まる電車はこの2駅を通過する「普通」電車。

◎岸ノ里　1964（昭和39）年12月19日

帝塚山〜住吉東

住吉東駅の難波方、オーバークロスする線路は上町線で左側に神ノ木駅が見える。高野鉄道は南海本線住吉駅付近で交差し西側へ出る計画だったが大阪府から許可が出ず、現在のルートで1900（明治33）年に開通するが、先に特許を取っていた大阪馬車鉄道と交差方法でもめたのち、電車先頭車の位置に踏切と踏切番をおいて平面交差が行われた。その後の電車化で現在の築堤が築かれ立体交差になっている。

電車は通勤ズームカーこと22001系、小運転の列車に6001系が充当され輸送力が強化されていくが、大運転の列車が17m2扉4連なので混雑が激しく、難波駅〜河内長野駅間で2両増結するために1969（昭和44）年にモハ2201形22001〜08の2連4本が東急車輌大阪工場で新製された。写真の22024は翌1970（昭和45）年の東急車輌大阪工場製22009〜28の2連10本のうちの1両。冷房準備工事が施されていて、1975（昭和50）年までに冷房装置が搭載されている。

◎22024　住吉東付近　1978（昭和53）年5月20日

汐見橋支線

　道頓堀(現・汐見橋)駅への延長は木津川口への水運への連絡が目的だったが、住吉付近で南海本線と交差する予定が認められず、岸ノ里で交差する現在のルートで建設された。その後南海に合併され高野線となると、南海本線との連絡線が開業し難波へ電車は直通し、汐見橋駅～住吉東駅間は支線的存在になった。

　電車の後ろで乗り越す跨線橋は、大阪市電三宝線のもの。現在も道路橋として現存している。

津守～西天下茶屋

出自は高野山電気鉄道のデ101形101で1928(昭和3)年日本車輌製。南海電気鉄道に変わったのちモハ561形561となった。モハ1501形登場前で近畿日本鉄道籍にならなかったグループ。1963(昭和38)年からの更新改造で平坦線用になり、汐見橋支線で使われた。
◎561　津守～西天下茶屋　1964(昭和39)年12月19日

中百舌鳥

中百舌鳥駅は1912（大正元）年に高野登山鉄道の駅として開業。1970（昭和45）年に泉北高速鉄道線乗入れのために170m
ほど百舌鳥八幡駅方に移動し、2面4線の橋上駅に改築され、1971（昭和46）年の泉北高速鉄道線開業に備えた。百舌鳥
八幡駅方には泉北線内折り返し電車用に引上げ線が設置され、泉北高速鉄道線100系電車が停まっている。開業当時の
駅は85ページ下の写真に見える踏切の向こう側に駅があった。
通過する電車は高野線6101系、オールステンレスの車体で下降窓、ドアを両開きにした6000系の後継車。泉北高速鉄道
線開業用に6107＋6857＋6858＋6108から6121＋6871＋6872＋6122までの編成が用意されている。これらの車は冷房は無く、
行先表示器も付いていなかったが、1974（昭和49）年～1977（昭和52）年に取付改造が行われた。またこの頃南海線の電
車の6両編成が足りなかったので、6115～の編成は分割して他の編成に連結し、6両編成化されている。
◎6116　中百舌鳥　1978（昭和53）年5月18日

泉北高速鉄道線は南海電鉄に運行委託する関係で南海6101系に準ずる構造とされたが、オールステンレス車とすると製造特許の関係から東急車輌1社にしか発注することが出来ず、第三セクターで競争入札する必要から、セミステンレス車体となり、全体も角ばった構造となった。580形586は1972（昭和47）年の6両編成化で増備された2両編成の制御車。100形105は開業時に用意された車で、大阪東急車輌（元の帝国車輌製）製後の新製電車。
◎泉北586　中百舌鳥　1973（昭和48）年5月29日

◎泉北105　中百舌鳥　1973（昭和48）年5月29日

泉北高速鉄道線

深井

泉北高速鉄道線は泉北ニュータウンまでの経路は都市計画道路に沿って敷かれたため、直角に曲がる区間がある。深井駅はそのカーブの途中に設けられたため、駅の前後はカーブしている。
◎泉北586　深井
1973（昭和48）年5月29日

モハ6101形6137は、6両編成用の増結車で1972（昭和47）年東急車輌製、在来の6101系の方向幕取付終了までは難波方に連結されいた。
◎6137　深井
1973（昭和48）年5月29日

泉北ニュータウンへの通勤路線として大阪府都市開発が建設し1971（昭和46）年に泉ヶ丘駅までが泉北高速鉄道線として南海電鉄が運行委託を請けて開業した。その後順次延長し1977（昭和52）年に光明池駅まで開業している。

泉ヶ丘

泉北ニュータウンは1965（昭和40）年に事業を開始し、1967（昭和42）年には竹城台・原山台でまちびらきが行われた。鉄道の建設は南海の支線として計画されたが、当時重大事故を立て続けに起こしており、社内管理体制の改革を優先させる必要から新線建設の余裕はなく、大阪府都市開発が1969（昭和44）年から建設工事に入ることになった。
◎泉北105　泉ヶ丘
1973（昭和48）年5月29日

泉ヶ丘駅ホーム南端。鉄道及び道路用地はニュータウン開発時から用意されており、1973（昭和48）年に栂・美木多駅まで開業する。
◎泉ヶ丘
1973（昭和48）年5月29日

光明池

光明池駅までが当初計画していた区間。【89ページ上】写真の電車左手奥が新設された光明池検車区。後にさらに和泉中央駅まで延伸されることになる。運賃表や時刻表は南海電鉄と同仕様だが、泉北高速鉄道線部分だけ赤線で区別されている。
電車は泉北3000系、南海が6100系から6200系にモデルチェンジしたのにあわせ、泉北線の電車もそれにあわせたが、セミステンレスとなっているのは100系と同じ。1975（昭和50）年の泉北線8両化用の増備車だが、6両編成3本が作られ、捻出した100系を8両に組替えて対応している。当初は非冷房で登場したが、1976（昭和51）年に製造元の東急車輌で冷房化改造が行われている。
◎泉北3506　光明池　1978（昭和53）年5月18日

◎光明池　1978（昭和53）年5月18日（3点とも）

『河内長野市史』に登場する南海電鉄

高野鉄道株式会社の創立

　その頃、堺市から長野・三日市を経て橋本に至る鉄道を敷設する堺橋鉄道設立の計画が立てられていた。明治26（1893）年９月19日、発起人総代北田豊三郎が、大阪府知事に「線路測量御認可御願」を提出し、出願準備のため必要な村への立入り、測量の許可を求めている。対象とされた村は以下のとおりである。

　　大鳥郡　　向井村
　　八上郡　　金岡村　　南八下村
　　丹南郡　　大草村　　日置荘村　　野田村　　平尾村
　　狭山村
　　錦部郡　　廿山村　　錦郡村　　市新野村　　長野村
　　三日市村　　加賀田村　　天見村

　準備整って、10月７日、川端三郎平ら75人が連署して「鉄道会社創立ノ義ニ付願」に起業目論見書と仮定款を添えて逓信大臣に提出した（同）。この計画は、堺市を起点として丹南郡日置荘村・狭山村、錦部郡長野村・天見村を経て紀見峠を通過し、和歌山県伊都郡橋本村大字古佐田に至る鉄道を敷設し、旅客・貨物の運輸営業を目的とするものであった。線路は、大阪・堺から高野山に至る直近道である西高野街道に沿っており、高野登山客の便を図るとともに、大阪・堺と沿道各地、紀州の物資の輸送、商人の往来にも有用であるとし、堺から輸出する物資としては、肥料・石灰・石油・陶器・土樋・摺鉢・諸刃物・燐寸・煙草・薬種・縄俵・畳・畳表・醤油・大豆・塩・紙・綛糸・生魚・干塩魚・酒などを、堺へ輸入する物資としては、蜜柑・米・麦・雑穀・綿・木綿織物・菜種・種油・甘藷・砂糖・茶・材木・竹・樽丸・素麺・凍豆腐・椎茸などを挙げている。また、険阻な紀見峠によって妨げられていた和歌山県伊都・那賀両郡、紀ノ川沿岸との交通運輸も開け、国家経済上からみても有益であると主張している（同）。

　会社は株式組織とし、資本金は150万円で、３万株にわけ１株の金額を50円として、そのうちの１万2550株を発起人75人が引き受けることになった。堺市は、堺を起点とする鉄道の敷設に対する関心が高く市会でもたびたび取り上げられており、人数・引受株数とも最も多い。西高野街道沿いの大鳥・丹南・錦部の諸郡、紀見峠から橋本に至る和歌山県伊都郡をあわせると25人、4000株で、これに次いでおり、両者をあわせると発起人の68%、引受株数の66%を占めており、この鉄道計画は沿線住民の要望によるものであったといえる。錦部

郡の発起人は、長野村の吉年善作・西條与三郎・吉年忠三郎・西條麟之助、三日市村の八木新吾・八木伊三・奥山弥三、加賀田村の森口茂吉の８人で、引受株数は吉年善作・西條与三郎が200株、他はすべて100株であった。

　27年６月15日、逓信省は鉄道会議に「堺橋鉄道株式会社発起並鉄道敷設ノ件」を提出し、仮免状下付の日から１年以内に免状を申請することを条件に仮免状を下付することを諮詢した。逓信省では、長野～三日市間が河陽鉄道と重複するため、既設鉄道妨害であるとして却下する案を提出したが、鉄道会議の調査で河陽鉄道を妨害するものではないとの結論になったため撤回し、再提出したようである。19日に開かれた会議では、経営的に両立は無理であり結論を出すのを延期してはどうかという意見も出されたが、最終的には諮問案を了承することになった。発起人会では堺橋鉄道の名称を高野鉄道と変更することになり、６月29日に上申書を提出し、７月には「堺橋鉄道改高野鉄道株式会社仮定款訂正願」に「高野鉄道株式会社仮定款」を付して提出した。この願書は、高野鉄道株式会社発起人総代吉年善作の名で提出されている。

（中略）

　29年９月、高野鉄道は、始発駅を南海鉄道堺停車場から住吉停車場に変更し、住吉から西成郡川南村大字津守新田まで支線を敷設する申請をするなど計画に変更があったが、31年１月26日に大小路～狭山間の運輸開始が認可され、３月29日には狭山～長野間の開業免状が下付されて４月２日から開業することになった。開業の日から４週間、観心寺は宝物展を開き、滝谷不動でも宝物展と本尊の開帳をおこない、高野鉄道では４月３日から５日間、運賃を半額にしている。ちなみに、長野駅から大小路駅までの下等運賃は15銭で、中等運賃はその1.5倍、上等運賃は３倍であった。列車の運行は１日８往復で、乗客多数の時は臨時列車を運行することになっていたが、同年９月の時刻表改正では、１日11往復に増発されている。

　大小路～長野間が開通したものの、高野鉄道の経営は思わしくなかったようで、残部路線工事の資金が不足し社債を募ることになったが、８月には、松方幸次郎が社長を辞し東尾平太郎と交代している。10月20日、「高野鉄道株式会社延長線敷設認可申請書」を提出し、津守までの支線を難波まで延長することになった。その理由は、津守停車場は貨物輸送の便はあっても旅客輸送には不向きなので、難波まで延長して旅客の便をはかり、大

阪市西部との交通運輸を強化することにあった。この計画に伴って定款を変更し、起点を堺から難波に移している。このような経営努力にもかかわらず長野以南の延伸は意に任せず、工事竣工期限の迫った33年1月、期限の2ヵ月間延期を出願し認められた（同）。その後も経営は悪化の一途をたどり、35年3月には負債額が100万円に達して年間10万円の純益がなければ利子を支払うこともできない状況に陥った。収益金はわずか2万4〜5000円に過ぎず、「負債ハ歳一歳ニ増加シ今ヤ会社ハ全然信用ヲ失墜シ其悲運目睫ノ間ニ切迫セリ」という状況で、予定線路を完成することは困難であった。そこで35年3月22日臨時株主総会を招集して2種の優先株100万円を発行して償却にあてることにした。さらに、延期した工事竣工期限も迫ったので、35年3月、住吉〜橋本間の線路を住吉〜長野間に短縮することを出願し許可された。5月29日に下付された許可書には、「将来他鉄道ニ於テ長野橋本間線路ヲ敷設スル場合ニ当リ政府ニ於テ必要ト認ムルトキハ之ト合併ノ命令ヲ為スコトアルヘシ、此場合ニ於テハ会社ハ之カ指定ヲ阻拒スルコトヲ得ス」という但し書が付せられていた。

（中略）

高野登山鉄道の創設

　明治39（1906）年11月9日、高野登山鉄道株式会社発起の仮免状下付申請書が提出された。創立発起人は、寺田甚与茂他11名であったが、12月には根津嘉一郎が加わって13名になった。彼等は起業家や政治家で、沿線の投資家の名は見当たらない。創立の趣旨は次のようであった。

　私共儀高野鉄道株式会社ノ既成鉄道線路、則チ大阪府大阪市南区難波桜川町三丁目ヨリ同府南河内郡長野村ニ至ル拾七哩四拾弐鎖ヲ買収シ旅客貨物運輸ノ業ヲ営ミ度、尚将来ニ於テ時機ヲ図リ長野以南ヘ延長セシメ、遂ニ社名ノ如ク高野山頂迄鉄道ヲ敷設シ交通機関ノ完備ヲ企図致度キ為メ今般高野登山鉄道株式会社ノ創立ヲ発起致シ候経営不振に陥っていた高野鉄道では10月31日に優先株主総会を開き、次の3項目を決議していた。

　1、当会社所有ニ係ル鉄道財団其他一切ノ有体動産及不動産並ニ営業権ヲ、将来成立スベキ高野登山鉄道株式会社カ完全ニ成立シタル上ハ、金五拾壱万五千円ヲ以テ同会社へ其筋ノ認可ヲ得テ売渡ス事
　2、当会社ノ株主ハ、高野登山鉄道株式会社ニ於テ募集ノ同会社株式ヲ、一般応募者ニ先チ引受ク可キ特権ヲ有スル条件ヲ付セシムル事
　3、前項ノ目的ヲ遂行スル為メ必要ナル契約ヲ、高野登山鉄道株式会社発起人又ハ同会社取締役

ト適宜締結スル事ヲ、当会社取締役ニ一任スル事

　この総会には高野鉄道の取締役社長伊藤喜十郎、取締役松山与兵衛・富永藤兵衛・鈴鹿通高・東尾平太郎・山本隆太郎・上田僖三郎・監査役寺田元吉・森久兵衛・三木伊三郎らが出席しており、彼等はすべて高野登山鉄道の発起人でもあった。高野登山鉄道の資本金総額は70万円、これを1万4000株にわけ、1株の金額は50円であった。発起人の引受け株は当初2800株、14万円であったが、根津が加わり3000株、15万円になった。11月5日には高野鉄道の新会社創立への「同意書」（鉄道院文書）が提出され、12月3日に「契約書」（同）が交わされた。12月24日、高野鉄道は鉄道局の質問に答えて、売却金のうち20万円を社債金の償却にあて、1万5000円を会社解散の清算費とし、残り30万円を7万5000株の株主に配当することを回答している。1株の分配額はおよそ4円であった。

　高野登山鉄道の仮免許状は40年2月5日に交付された。株式の募集は、高野鉄道の株主を中心に進められたようであるが、5月になっても半数に満たず、南海電鉄に働きかけるなど募集に努力し、9月21日に創立総会を開くことができた。取締役社長には寺田甚与茂が選ばれ、取締役には松山与兵衛・寺田元吉・寺田利吉・鈴鹿通高・富永藤兵衛・宇喜多秀穂、監査役に東尾平太郎・寺田久吉・三木伊三郎が選出された。9月26日に「鉄道敷設本免許状御下付申請書」（鉄道院文書）が提出され、11月7日には本免許状が下付されている。

　43年3月30日、高野登山鉄道は臨時株主総会を開き、車両運転動力に電気と蒸気を併用することと、線路を延長することを決議した。線路延長は、長野停車場から紀和線橋本停車場に達するもので、かつて高野鉄道が工事に着手し紀見峠隧道の一部などは掘削していたものである。

（中略）

　仮免許状の申請書は4月8日に提出され、7月20日に交付された。44年2月16日、政府は「指定命令書」を発し、難波桜川（汐見橋）〜長野間、長野〜橋本間の鉄道を軽便鉄道法によるべきものと指定し、長野〜橋本間については7月26日までに認可申請を提出するように命じている。高野登山鉄道では既に測量などが進行していたので従来の計画に従って設計を終え、5月23日に工事施工の認可を申請した。しかし、工費の問題など種々の事情を考慮して軽便鉄道法による実測設計をしたところ、少なからざる節減が見込まれたので、8月16日、設計の変更を申請した。また電車併用のための施設などにも準備を進め、大阪電灯株式会社と電力供給の契約も進めている。

　高野線の橋本駅以遠は和歌山水力電気が取得していた免許を買収して高野下駅まで開業したが、残りの高野山大門までの免許は南海合併時に返還されていた。高野下駅からの延長はこの免許を再買収して高野山電気鉄道として開業している。

　陸上交通事業調整法による戦時中の統合で南海鉄道が関西急行電鉄と合併し近畿日本鉄道(近鉄)が成立したが、高野山電気鉄道は和歌山県内の統合が進まなかったため、そのまま営業を続けた。

　戦後1947(昭和22)年に近鉄から旧・南海線を分離する際に高野山電気鉄道が受け皿となり、南海電気鉄道と社名を変更し実施された。

紀伊細川

電車は21201系、1956(昭和31)年に火災事故を起こしたモハ1251形1282・1283、クハ1891形1894の機器と予備部品を使い、1957(昭和32)年に帝國車両で南海線11001系2次車を17m級にした車体を載せてモハ21201形とサハ21801形(21201-21203-21801-21202)の4両編成を製造した。部品流用のため在来の大運転用車両と性能は変わらないが、ズームカーの増備後も在来車が引退する中、1973(昭和48)年の南海線昇圧まで改造入場車の代走として大運転で活躍した。その後は21201のみが貴志川線の増結車クハ21201に改造転用されている。

上の写真には紀伊細川駅駅舎が見える。山の斜面に張り付くような小駅だが1956(昭和31)年までは貨物扱いもあり、2023(令和5)年まで有人駅だった。3両目はサハ21801なのでパンタグラフがない。

◎21201　紀伊細川　1966(昭和41)年12月29日

鋼索線（高野山ケーブル）

鋼索線の極楽橋駅～高野山駅間は、1929（昭和4）年に神谷（現・紀伊神谷）駅～極楽橋駅間を開業した高野山電鉄が1930（昭和5）年に開業させた。0.8kmの距離で高低差約330mを登る。高野山は弘法大師空海が開創した総本山金剛峯寺だけでなく高野町という町であったため、戦時中不要不急路線とされず運行を続け、1953（昭和28）年に日立製の車両に置き換えた。1965（昭和40）年の高野山開創1150年記念法要に備え、1964（昭和39）年末に2両連結260人の日立製作所製車両と、それに対応した巻上機に更新された。◎鋼索線　1966（昭和41）年12月29日

第4章

南海電気鉄道
和歌山軌道線

・和歌山電気軌道

・南海電気鉄道和歌山軌道線

和歌山電気軌道
和歌山軌道線

◎県庁前　1958（昭和33）年12月27日

和歌山市内の路面電車は1909（明治42）年に和歌山水力電気により県庁前駅〜和歌浦駅間が開業したのに始まり、1918（大正7）年に市駅駅〜日方口駅・新和歌浦駅間が開業。その後は電力事業再編の波に飲み込まれ、京阪電気鉄道時代に海南駅前駅まで、合同電力時代に東和歌山駅まで開業し、全線が出来上がった。

　その後配送電事業の国有化で阪和電気鉄道の子会社の和歌山電気軌道が成立するが、今度は親会社再編に巻き込まれたのち1947（昭和22）年に独立。1961（昭和36）年に南海電気鉄道に合併した。

東和歌山

1930（昭和5）年の阪和電気鉄道の開業に合わせ、新町線・公園前駅～東和歌山駅間が開業した。和歌山空襲では市街地の多くが被災し、戦後復興都市計画で新町線が通る道路は拡幅されたが、東和歌山駅周辺は被災しなかったので、接続のため線路がS字カーブを描いている。電車は60形67、開業時の電車を1950（昭和25）年に富士車両で半鋼製車体に載せ替えたもの。大通のバスは右が和歌山電軌のいすゞボンネットバス、左は南海電鉄バスの日野ブルーリボン。
◎67　東和歌山　1959（昭和34）年11月29日

東和歌山

まだ拡幅工事中の大通、手前側に今までの軌道が残っている。電車は30形31号、開業時の1形で1946（昭和21）年に川崎車輌で木造車体を新造し載せ替えたもの。台車は米国のペックハム8Bがそのまま使われている。
◎31　東和歌山　1958（昭和33）年12月27日

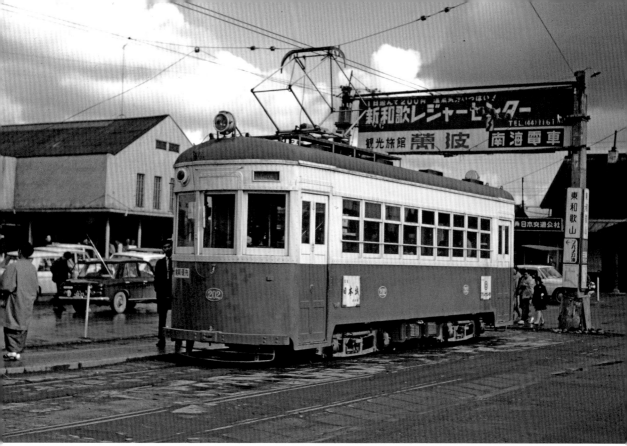

東和歌山駅停車中の電車は、200形202、1930（昭和５）年田中車輌製の半鋼製低床ボギー車で、新町線開業用新車。後ろの三角屋根の建物は、旧・阪和和歌山駅駅舎。駅舎の統合で半円形の看板建築は失われている。
◎202　東和歌山　1966（昭和41）年12月29日

南海電鉄に合併後の1962（昭和37）年に、木造単車を置き換えるために日立製作所で７両製造された全鋼製低床ボギー車。この車より大阪軌道線と同じクリームとグリーンとなり、先に登場した311号同様の２灯ヘッドライトになっている。
◎323　東和歌山　1966（昭和41）年12月29日

東和歌山

奥が国鉄東和歌山駅、1924（大正13）年の紀勢西線開業時の駅舎は大きな三角屋根を持つ。この後1968（昭和43）年に、民衆駅として「和歌山ステーションデパート」が入る駅ビルに改築されている。
電車は1961（昭和36）年に廃止になった三重交通神都線モ580形588（連結改造前はモ511形526←ゴ形セ53）を譲り受けもの。連結器取り外し、ヘッドライト2灯化などの改造を受けている。705〜710は1931（昭和6）年以降の新造なので、ドア間の窓が8個となっている。
◎708　和歌山　1966（昭和41）年12月29日

古い商店街があった東和歌山駅前は、大通りを駅前まで伸ばすため区画整理の作業中で更地になっている。その後駅ビルの完成に合わせ、駅前広場や電車乗り場も整備されている。
電車は1966（昭和41）年に廃線になった秋田市電（秋田市交通局）の60形4両を譲り受け、大阪車両で先端部の絞り込みや2灯ヘッドライト化などの改造を行った251形。
◎252　東和歌山　1966（昭和41）年12月29日

東和歌山

現在の和歌山駅前交差点付近。奥のビルは東和歌山駅付近の開発ビルに近畿日本鉄道が出資し1960（昭和35）年に和歌山近鉄ストアが開業。その後和歌山近鉄百貨店に業務転換し、1966（昭和41）年に4階部分を増築して売り場面積を増床している。その後1987（昭和62）年に阪和和歌山駅と和歌山駅貨物扱い跡地に造られた和歌山ターミナルビルに移転している。
電車は1001形1003号、1954（昭和29）年東洋工機製の半鋼製低床ボギー車。左右非対称の中間車掌台を持ち、当初からパンタグラフを装備する。窓は上段固定、下段上昇式。
◎1003　東和歌山　1966（昭和41）年12月29日

電車は1961（昭和36）年に廃止になった三重交通神都線モ580形581（連結改造前はモ511形519←ゴ形セ45）を譲り受けたもの。連結器取り外し、ヘッドライト2灯化などの改造を受けている。701〜704と711〜713は、1929（昭和4）年以前の新造なので、ドア間の窓が10個となっている。
◎701　東和歌山　1966（昭和41）年12月29日

公園前

公園前駅に停車する60形63。停留所を示す看板があるだけで、安全地帯は無い。背後の日本勧業銀行の入るビルは現存している。その後ろの建物は高島屋和歌山分店跡で、戦災を受けたが戦災罹災患者の応急救護所として機能し、後に和歌山県立医科大学附属病院となる。◎63　公園前　1954（昭和29）年7月27日

公園前

公園前駅は和歌山城大手門前に位置し、戦後の道路拡幅前は門の枡形のスペース（道路左側の空いているところ）を使って交差点を曲がっていた。電車の廃止後も公園前のバス停だったが、2021（令和3）年に和歌山城前に改称されている。
◎32　公園前　1959（昭和34）年11月29日

公園前駅の交差点はデルタ線になっており、どちらの方向にも電車が直通でき、市駅〜和歌浦方向（海南駅前・新和歌浦・車庫前）、東駅〜和歌浦方向、市駅〜東駅の系統が設定されていた。背後の第一生命のビルは建替えられたが、現在も和歌山第一生命ビルディングとなっている。◎1002　公園前　1959（昭和34）年11月29日

公園前駅から東和歌山駅方向は道路が拡幅されたので、中央に移るためS字カーブができた。またこの頃は安全地帯が整備されている。この通りにはけやきが植えられ、現在「けやき通り」になっている。住友銀行の入るビルは三井住友銀行に変わっているが改装され現存している。◎253　公園前　1966（昭和41）年12月29日

市駅

1909（明治42）年に和歌山水力電気が南海和歌山市駅前まで延長した時は、宇治駅から専用軌道に入り和歌山市駅舎横が終点だった。戦後の戦災復興計画で和歌山市駅前に道路が整備され、そちらに軌道が移っている。背後の丸い建物は和歌山電気軌道の案内所、後ろの建物が南海電鉄和歌山市駅舎。電車は30形36、開業時の1形の車体を載せ替えたもの。右のボンネットバスは和歌山電軌のバスで、いすゞ-新日国ボディ。
◎36　市駅　1956（昭和31）年10月

県庁前

和歌山県庁は和歌山城の南西側、大手門の反対側にあたる画面背後にある。和歌山城は戦災を受け天守閣他が全焼するが、1958（昭和33）年に天守群が鉄筋コンクリート造で復元されている。
電車は100形101、1925（大正14）年梅鉢鉄工所製。海南方面への延長用に造られた車。
◎101　県庁前　1958（昭和33）年12月27日

秋葉山〜和歌浦口

電車右側の建物は五百羅漢寺、本堂が見えているが現在は手前に建物があったりして通りからは見えにくい。また青石
の石塔も境内に移設されている。
電車は200形205、1932（昭和7）年大阪鉄工所製、半鋼製低床ボギー車。
◎205　秋葉山〜和歌浦口　1958（昭和33）年12月27日

和歌浦

和歌山水力電気は景勝地である和歌浦への足を確保するとともに、沿線で配電事業を行っていた。和歌浦の停留所は津屋川の橋の手前にあり、背後の城跡山公園の山は変わらないが商店はコンビニになっている。電車は500形505で、南海大阪軌道線電2形の車体と鉄道線の台車・機器を組み合わせ、1948（昭和23）年に広瀬車輌で登場した高床式ボギー車。505号は一時期ヒューゲルを装備していたころの姿。◎505　和歌浦　1956（昭和31）年10月

秋葉山

現在の秋葉山交差点付近。和歌山市街地を抜けた高松駅より南側は専用軌道で線路が敷かれた、電車右側の道路が昔からの道で、左側は後に増設されたもの。そのため電車はセンターリザベーション区間となっている。1971（昭和46）年の電車廃止後は当然道路用地に転用される。
電車は1001形1004、1955（昭和30）年の東洋工機製で、全金属車体の張り上げ屋根となり、窓が上段下降・下段上昇式に変わる。車体に凹みがあり社紋が画かれ、登場時は赤帯を巻いていた。バスは民生コンドル-富士重工、「KONAN BUS」とあるが貸切バスであろうか。
◎1004　秋葉山　1956（昭和31）年10月

権現前～新和歌浦

和歌浦口駅～和歌浦駅間は1913（大正2）年に開業。全区間専用軌道だが、後に並行して道路が設けられ、現在は海岸通りとなっている。場所は御手洗池の南側、カーブの先から線路は湖畔を走る。
電車は60形66号、開業時の1形を半鋼製車体に載せ替えたものだが、こちらは1950（昭和25）年広瀬車輌製。
◎66　権現前　1956（昭和31）年10月

新和歌浦

新和歌浦には和歌浦港があり、紀勢西線開通前はここから出る海路で紀伊半島各地が結ばれていた。また資産家森田庄兵衛が天神磯と呼ばれる場所へ道路を通し、大型旅館がオープンする現在で言うリゾート開発が行われ、電車もその足となった。しかし戦後モータリゼーションが進むと定時運行が難しくなり乗客も減少。1971（昭和46）年に和歌山県で開催される黒潮国体を前に道路整備を進めるため、和歌山軌道線は廃止となった。
電車は300形305、1938（昭和13）年田中車輌製で、200形同様の半鋼製低床ボギー車。
◎305　新和歌浦　1959（昭和34）年11月29日

第5章

和歌山電気軌道鉄道線（南海貴志川線）水間鉄道

和歌山電気軌道鉄道線

◎大池遊園付近　1958（昭和33）年12月27日

貴志川線は1916（大正5）年大橋（後に廃止）駅〜山東(現・伊太祈曽)駅間を開業した山東軽便鉄道に始まる。その後中心部の中ノ島駅まで延伸するが、国鉄紀勢線の開業で東和歌山(現・和歌山)駅に乗入れる、現在のルートに改めた。

和歌山鉄道に改称後、1933（昭和8）年に貴志駅までの全線を開業、1943（昭和18）年までに全線電化を完成している。

1957（昭和32）年に和歌山電気軌道に合併され同社鉄道線となる。

山東〜大池遊園

和歌山鉄道はガソリンカーで運行していたため、戦時中に電化を行って輸送を確保した。そのため多くのガソリンカー改造の電車が登場している。モハ200形202は、山東軽便鉄道時代のガソリンカーを電化時に電車化したもの。後ろのクハ800形801は元・芸備鉄道のキハ3、片ボギーガソリンカーを戦時買収先の国鉄から譲渡。
◎202　山東〜大池遊園　1958（昭和33）年12月27日

山東～大池遊園

クハ800形804の出自は京浜電鉄デ28形を電装解除したク28形、大東急成立でクハ5220形となり厚木線へ転属の際にクハ3140形に改番、小田急への国鉄63形導入による供出車として和歌山鉄道へきた。東急時代でもかなり荒廃した木造車だったというが東横車両で電動車に改造されモハ502となる、1955（昭和30）年に京阪神急行電鉄610形への更新で出た同社1形8の車体と振替えた際に制御車化された。和歌山鉄道では制御車でもポールを装備している。後ろの車両は江若鉄道から来たキニ2を改造したモハ206。◎804　山東～大池遊園　1958（昭和33）年12月27日

山東〜大池遊園

モハ601形602は、1955（昭和30）年に京阪神急行電鉄75形の車体に、南海電気鉄道からの台車・電装品を組み合わせて登場した。◎602　山東〜大池遊園　1958（昭和33）年12月27日

山東～大池遊園

クハ800形802の出自は、1936（昭和11）年加藤車輌製の片上鉄道キハニ120。流線形車体ながら荷物デッキを持つ変わり者。1955（昭和30）年にナニワ工機で改造され和歌山にやってきた。和歌山鉄道では電気機関車を持たなかったので、貨車は電車にけん引されている。◎802　山東～大池遊園　1958（昭和33）年12月27日

南海電気鉄道 貴志川線

　1961（昭和36）年に和歌山電気軌道は南海電気鉄道に合併され、同社の貴志川線となった。

　2000年を過ぎて貴志川線の存続が問題となり、2006（平成18）年からは和歌山電鐵に経営が移行されている。

貴志

本線系の昇圧により残存のモハ1201形は貴志川線に転属したが、更新を終了した初期車が多かった。モハ1201は1934（昭和9）年南海天下茶屋工場製の木造車鋼体化名義が出自。
◎1201　貴志　1978（昭和53）年5月15日

水間鉄道

◎近義の里〜石才　1964（昭和39）年12月19日

水間観音への参拝鉄道として1925（大正14）年に貝塚南（のちの海塚・廃止）駅〜名越駅間と南海の貝塚駅へ貨物線が開業、翌年に水間（現・水間観音）駅まで延長、1934（昭和9）年に貝塚駅〜水間駅間の全線で旅客営業を開始している。南海の支線的存在で、かつては筆頭株主だった時代もあるが傘下には入らず独立系だった。

貝塚

南海の貝塚駅は1897（明治30）年に開業しているが、紀州街道が通る街に向かう線路西側に駅舎が建てられた。1933（昭和8）年に水間鉄道が貝塚南（現在廃止）駅～貝塚駅の貨物線を延長し南海鉄道の貝塚駅に乗入れ、全線で貨物営業を開始した。その後東西連絡地下通路を整備し貝塚駅東口を整備し、1934（昭和9）年に水間鉄道貝塚駅の旅客営業を開始した。◎55　貝塚　1964（昭和39）年12月19日

近義の里〜石才

交差する線路は国鉄阪和線、水間鉄道と阪和電気鉄道との交差部分には駅は設けられなかった。電車はモハ55形56。出自は1931（昭和6）年日本車輌製の宇部電気鉄道デハニ301、宇部鉄道に合併後戦時買収で国鉄籍になったのち尾道鉄道に行ったが大型で使えず、1953（昭和28）年に水間鉄道へやってきた。出自が同じモハ55と似ているがこちらは荷物室を撤去され、整備会社が違ったため仕様に差がある。◎56　近義の里〜石才　1964（昭和39）年12月19日

三ヶ山口

三ヶ山口駅は1960（昭和35）年に開業した。その後貝塚市役所前・近義の里駅が開業している。電車のモハ55形55は、現在のJR西日本小野田線の一部（居能駅-雀田駅-長門本山駅）になった宇部電気鉄道出自の車で、戦時買収後尾道鉄道を経由して水間鉄道にやってきた。詳細は【144 〜 145ページ下】
◎55　三ヶ山口　1964（昭和39）年12月19日

三ヶ山口〜水間

南海電鉄は1973（昭和48）年に本線系の架線電圧を600Vから1500Vに昇圧したが、改造対象外となったモハ1201形を1971（昭和46）年から1973（昭和48）年に計12両購入し、18m級車両に車種統一した。当初は南海の車号のまま使われたが、1974（昭和49）年にエンジとクリーム色に塗装変更し、形式もモハ500形、サハ580形に改めた。モハ508は南海モハ1214で、1936（昭和11）年日本車輌製、正面雨樋直線・裾スカート付き・側二段窓。後ろはモハ503で南海モハ1239、1942（昭和17）年木南車両製のクハ1901形1912（2代）、戦時型で側窓が一段下降形、1961（昭和36）年の更新改造時に電動車化されモハ1201形1239に、水間鉄道に来てから両運転台化改造が行われている。
◎508　三ヶ山口〜水間　1964（昭和39）年12月19日

水間

モハ1形1は、開業時に南海鉄道から購入した電1形22（2代目）、元・高野登山鉄道の1形11で、1912（明治45）年梅鉢鉄工所製。1948（昭和23）年に広瀬車輛が新造した半鋼製車体に載せ替えられ、二代目1となっている。
◎1　水間　1964（昭和39）年12月19日

水間

出自は南海鉄道電2形108、1909（明治42）年東京天野工場製で、モハ1251形に鋼体化改造される際に加太電気鉄道が車体を譲り受けホフ101として落成、戦後電5形の車体と振替えたが、1949（昭和24）年に水間鉄道が旧車体を購入して足回りは別途賄いモハ111形111とした。1956（昭和31）年に京阪神急行電鉄の63形67と車体を載せ替えモハ11形11となった。◎11　水間　1964（昭和39）年12月19日

モハ250形251は1958（昭和33）年ナニワ工機製の全鋼製ボギー車。足回りは南海からの中古品を使っている。
◎251　水間　1964（昭和39）年12月19日

水間

モハ3形3は、予備車両確保のため1927（昭和2）年
に汽車會社東京工場で新製した。輸送量を鑑みモハ
1形よりも11m級と小型車体になっている。
◎3　水間　1956（昭和31）年10月

初代モハ55形55は、焼失したモハ5の台枠と電装品を使い1949（昭和24）年に広瀬車輌で11m級の半鋼製車体を新造したが、1953（昭和28）年輸送量増強のため尾道鉄道のデキニ25（出自は宇部電気鉄道デハニ101）と交換されモハ55形55（2代目）となっている。登場時は他の車同様にグリーン1色だった。
◎55　水間　1956（昭和31）年10月

水間

水間駅構内には車庫が併設されている。右側は貨物扱い施設。奥に見える相輪は水間（現・水間観音）駅駅舎。開業時の1926（大正15）年以来の物で、水間寺（水間観音）の三重塔をモチーフとした社寺建築。当時の鉄筋コンクリート造りの建物は珍しい。
◎水間　1964（昭和39）年12月19日

第6章

他社へ譲渡された
南海電気鉄道の車両

他社へ譲渡された南海電気鉄道の車両

山形交通三山線

山形交通三山線の前身である三山電気鉄道には、1937（昭和12）年に車体振り替えで余った車体に、南海手持ちの電装品を付けて譲渡されている。

出自は南海鉄道電弐形102で1909（明治42）年天野工場製、1924（大正13）年に制御車化され電附八形705、1928（昭和3）年の改番でクハ704形705になる。1937（昭和12）年に電3形の車体と振り替えてクハ1821形1828に改造する際、破棄される電2形の車体に手持ちの電装品を組み合わせ、三山電気鉄道に譲渡されモハ105形105となった。ただ当時の竣工図にはモナ105形105と書かれていた。三山電気鉄道は陸上交通事業調整法による合併のため1943（昭和18）年に山形交通三山線となる。
長年の活躍で窓のRは失われ木桟が入ったり戸袋窓が埋められたりするが、おへそのライトは昔のままで、電弐形の面影を残している。
◎105　間沢　1957（昭和32）年5月27日

昭和時代に南海電気鉄道から他社へ譲渡された車は多くなく、支線的存在だった水間鉄道以外だと、戦前の鋼体化で余った車体や、昇圧対応で改造されずに京福電気鉄道福井支社へ大量譲渡、国鉄63形導入の見返りで私鉄各社へ、和歌山市内線廃止時に伊予鉄道へ譲渡された。例外だが旧・阪和電気鉄道の買収車も挙げる。

淡路鉄道

モハニ1003は、1909（明治42）年東京天野工場製、南海鉄道電弐形107が出自で、1924（大正13）年に電附八形710になり、1929（昭和4）年改番でクハ704形710。1937（昭和12）年の車体振替でクハ1821形1831に改造される際、破棄される車体を加太電気鉄道に譲渡され、同じく南海鉄道からの電装品と組み合わせて同社デホ31形32となった。1942（昭和17）年に陸上交通事業調整法により加太電気鉄道が南海鉄道に合併されたので、改番を行わずにまた南海籍に戻り引き続き加太線で使われた。戦後国鉄63形導入の見返りで、電化した淡路交通に1948（昭和23）年譲渡されモハニ1003となる。淡路鉄道では車体に鉄板を貼るニセスチール化が行われたが、1959（昭和34）年に骨組みはそのままで半鋼製車体に改造されている。淡路鉄道には南海→加太→南海と辿った車が3両ありモハニ1001〜1003となっている。残りの2両は南海鉄道電五形からモハ101形→モハ521形→モユニ521形→モハ501形と辿って淡路に来た。写真の後ろの車両はドア配置からこのグループのモハニ1005のようだ。
◎1003　福良付近　1956（昭和31）年10月

淡路鉄道が1948（昭和23）年電化するにあたって、南海電気鉄道から電壱形・弐形・五形から5両が譲渡され、モハニ1000形となっている。

モハニ1002は前掲の1003同様の経歴で、1909（明治42）年東京天野工場製、南海鉄道電弐形から加太電気鉄道デホ31を経て淡路にやってきた。1003同様のたまご型前面5枚窓の木造車だったが、1954（昭和29）年に台枠を使用し半鋼製車体に改造されモハ1000形1002となる。戦前の気動車を思わせる正面2枚窓に腰高な窓と、昭和初期製造のイメージ、この後正面に貫通扉を設置されることになる。
◎1002　福良付近　1956（昭和31）年10月

けいふくでんきてつどう ふくいししゃ

京福電気鉄道福井支社

　京福電気鉄道福井支社では、本線の昇圧対策で改造対象から漏れたモハ1201形と、モハ11001形が譲渡されている。

南海本線系の昇圧により改造対象から外れたモハ11001形は、まだ車齢も若く新性能車だったので、先にモハ1201形を譲渡した縁から京福電気鉄道福井支社に8両譲渡されモハ3000形となった。旧番との対応は南海モハ11009〜11014が京福モハ3001〜3006、南海11001と11008が京福3007と3008になっている。したがって3001〜3006が正面2枚窓、3007、3008が貫通扉付き。書類上は南海11004が京福3008に改造された事になっているが、実際には11008が改造され、11004は部品取り車として福井口工場奥に留置されていた。
◎3002　福井口　1975（昭和50）年5月1日

1971（昭和46）年から翌年にかけて、昇圧改造の対象にならなかったモハ1201形を16両の譲渡を受けモハ2000形として竣工した。

南海のモハ1201形は製造が長期にわたったため外観上6タイプに分けられるが、そのうち5タイプが京福にやってきた。モハ2002は、1937（昭和12）年川崎車輌製の南海クハ1901形1903（初代）で2段窓・乗員室扉ヘッダ付き・正面雨樋直線・裾スカート付きで落成、1941（昭和16）年に電動車化されモハ1201形1226となるが、1945（昭和20）年の和歌山空襲で被災、戦後川崎車輌泉州工場で戦時設計の1段下降窓・正面雨樋直線・裾スカート付きの車体で復旧された。京福電気鉄道福井支社にはトップグループでは1971（昭和46）年に譲渡されている。その後1985（昭和60）年に阪神5201形の車体と載せ替えられたが改造扱いとされたため、南海籍の車両がえちぜん鉄道まで引き継がれている。

◎2002　福井　1975（昭和50）年5月1日

モハ2015の出自は南海鉄道の電壱形21、1907（明治40）年川崎造船兵庫工場製で浜寺公園電化用の南海鉄道最初の電車。1921（大正10）年に制御車になり電附四形224、1924（大正13）年の改番でクハ716形716となる。1934（昭和9）年に鋼体化名義で南海天下茶屋工場で18mの半鋼製車体と手持ちの電装品を使いモハ133形133となる。1936（昭和11）年の改番は電動機出力で形式が振られたので、モハ1051形1051となり、1939（昭和14）年にモーターを取り換えモハ1201形1233となった。最初装備したモーターの違いからモハ133形から改番のモハ1201形の若番車と同グループなのに番号が離れたが、2段窓、乗務員扉ヘッダ無し、正面雨樋曲線、裾スカート無しの初期型車体を持つ。京福電気鉄道福井支社には最後のグループで1972（昭和47）年に譲渡。その後1983（昭和58）年に阪神5201形の車体と載せ替えられたが、この時は新造車扱いとされたため、南海籍は引き継いでいない。

◎2015　福井　1975（昭和50）年5月1日

福井鉄道

福井鉄道へは63形導入に伴う供出車が4両譲渡されている。

福井鉄道に来た車の出自は南海鉄道電五形113〜116で、正面曲線5枚窓の木造ボギー車、1921（大正10）年川崎造船兵庫工場製、1926（大正15）年の改番で電五形101〜104（2代）となり1930（昭和5）年の改番でモハ101形101〜104、1936（昭和11）年の改番でモハ521形521〜524、1940（昭和15）年に郵便荷物車に改造されドア位置を変更、モユニ521形521〜524となり、国鉄63形導入の供出車として1948（昭和23）年に福井鉄道に譲渡。順にモハ91,81,82,92となる。当初は電動機の違いにより形式が別れた。
しかし老朽化した車体だったため1956（昭和31）年に日本車輌で造った新造車体に載せ替え、モハ91,92はモハ83,84に改番している。余った旧車体は南越線村国駅と北府駅の待合室に転用された。
◎モハ82　福井駅前　1964（昭和39）年5月29日

伊予鉄道

和歌山軌道線廃止後に1両が伊予鉄道に譲渡された。

和歌山電気軌道線は1971（昭和46）年に廃止されるが、まだ車齢が若かった321形のうち324号が伊予鉄道に譲渡され、ワンマン改造の他伊予鉄仕様にされモハ50形81となった。
◎81　鉄砲町　1973（昭和48）年5月18日

日本国有鉄道

南海鉄道に対抗して京阪電気鉄道や合同電気などの資本で開業した阪和電気鉄道だが、南海の牙城を崩すことはできず、1940（昭和15）年に南海鉄道に合併され山手線となるが、1944（昭和19）年に戦時買収で国鉄阪和線となった。

阪和電気鉄道の車両は南海本線系の車両とは架線電圧等の規格が違うため南海山手線の車両はほとんどそのまま使用され、国鉄に引き継がれる。国鉄では省型国電連結改造と更新修繕を行い、その後国鉄形式の番号をもらい1967（昭和42）年まで使用された。クハ25003の出自は、1930（昭和5）年日本車輌製、手小荷物付き3扉ロングシートのクテ700形704、国有化でクハ6220形6223となり1950（昭和25）年の称号改正で現番号となった。先頭はモタ300形改番のクモハ20100番台。◎クハ25003　東貝塚〜和泉橋本　1964（昭和39）年12月19日

J.Wally Higgins（ジェイ・ウォーリー・ヒギンズ）

　1927（昭和2）年、合衆国ニュージャージー州生まれ。父が勤めていたリーハイバレー鉄道（ニューヨークとバッファローを結ぶ運炭鉄道）の沿線に生家があり、母と一緒に汽車を眺めたのが鉄道趣味の始まりだった。

　大学卒業後、アメリカ空軍に入隊。1956（昭和31）年、駐留米軍軍属として来日、1年の任期後約2か月間で全国を旅し、日本の鉄道にはまってしまう。1958（昭和33）年、再来日。それ以降、全国の鉄道を撮りに出かけるようになる。1962（昭和37）年からは帰国する友人の仕事を引き継ぎ、国鉄国際部の仕事を手伝うようになり、現在もJR東日本の国際事業本部顧問を務める。

　氏は、鉄道の決めのポーズや形式写真には後々の保存性を考え大判の白黒フィルムを用いた。しかし、友人たちに伝える日本の風俗や風景（もちろん鉄道も含むが）のようなスナップ的な写真にはコダクロームを用いている。理由は、当時基地内で購入・現像できたので、一番安価だったとのこと。

　今回のシリーズは、それらカラーポジから首都圏の大手私鉄各社を抜き出したものである。

【写真解説】

安藤 功（あんどういさお）

1963（昭和38）年生まれ。
NPO法人名古屋レール・アーカイブス理事。
国鉄最終日に国鉄線全線完乗。現在は全国の駅探訪を進め、残り数百駅ほど。

NPO法人名古屋レール・アーカイブス（略称NRA）

貴重な鉄道資料の散逸を防ぐとともに、鉄道の意義と歴史を正しく後世に伝えることを目的に、2005（平成17）年に名古屋市で設立。2006（平成18）年にNPO法人認証。所蔵資料の考証を経て報道機関や出版社、研究者などに提供するとともに、展示会の開催や原稿執筆などを積極的に行う。本書に掲載したヒギンズさんの写真は、すべてNRAで所蔵している。

ヒギンズさんが撮った
南海電気鉄道
コダクロームで撮った1950〜70年代の沿線風景

発行日………………2024年3月5日　第1刷　※定価はカバーに表示してあります。

著者…………………（写真）J.Wally Higgins　（解説）安藤 功
発行者………………春日俊一
発行所………………株式会社アルファベータブックス
　　　　　　　　　　〒102-0072　東京都千代田区飯田橋 2-14-5 定谷ビル
　　　　　　　　　　TEL. 03-3239-1850　FAX.03-3239-1851
　　　　　　　　　　https://alphabetabooks.com/

編集協力……………株式会社フォト・パブリッシング
デザイン・DTP ………柏倉栄治
印刷・製本…………モリモト印刷株式会社

ISBN978-4-86598-906-9　C0026